Tipps für Leserinnen und Leser der PGP

Hanna Kasparick | Hildrun Keßler (Hrsg.)

Aufbrechen und Weiterdenken

Gemeindepädagogische Impulse zu einer Theorie
von Beruflichkeit und Ehrenamt in der Kirche

2019 begeht die Gemeindepädagogische Ausbildung in Potsdam und Berlin ihr 40-jähriges Bestehen. Die vorliegende Veröffentlichung würdigt dieses Ereignis mit einer historisch-kritischen Rekonstruktion der Ausbildungsbemühungen im Bund der Evangelischen Kirchen in der DDR und mit der Darstellung von Ergebnissen einer Befragung zur Berufswirklichkeit von Gemeindepädagoginnen und Gemeindepädagogen in drei ostdeutschen Landeskirchen. Subjekt- und Gemeinwesenorientierung, Kommunikation und Arbeit im Team erweisen sich darin als wichtige Kristallisationspunkte ihres Selbstverständnisses. Das Buch leistet einen Beitrag zur gegenwärtigen kirchentheoretischen Diskussion um ein neues Miteinander kirchlicher Berufe und ihre Multiprofessionalität. Dabei sind auch die neben- und ehrenamtlich Tätigen im Blick.

Hanna Kasparick | Hildrun Keßler
AUFBRECHEN UND WEITERDENKEN
Gemeindepädagogische Impulse
zu einer Theorie von Beruflichkeit
und Ehrenamt in der Kirche

328 Seiten | 15,5 × 23 cm
Paperback
ISBN 978-3-374-06059-7

€ 25,00 [D]

erscheint November 2019

Weitere Infos und
Bestellmöglichkeit
unter
www.eva-leipzig.de

VORWORT

Lars Charbonnier
Vorwort 3

Ulrich Lilie
„Seht, wie sie einander lieben!" 4

ZUGÄNGE

Christine Ursel
Wer ist mein Nachbar? Was bedeutet Nachbar? 6

Philipp Enger
Nachbarschaft in biblischer Zeit 7

Uwe Hahn
Nachbarschaft ohne Gartenzaun
Eine lebendige Gemeindepartnerschaft
zwischen Deutschland und Tansania 11

Susanne Menzke
Mitten im Leben
Die Kita als Akteur aktiver Nachbarschaft 12

Friedrich Rößner
Mehrdimensionale Nachbarschaft
Leben zwischen Diakonissenanstalt und Campus 14

PRAXIS

Cornelia Coenen-Marx
Eine „Ministry" gegen die Einsamkeit
Besuchsdienst als Schlüssel für Sorgende Gemeinden 16

Christine Biemann-Hubert und Paul-Hermann Zellfelder
Nachbarn, Armut und Vision: Kirche diakonisch
Eine Story aus der Wirklichkeit 19

Karin Nell
Gute Nachbarschaft ist keine Fertigmischung
Soziale Netzwerke – Nachbarschaftskultur – Quartiersentwicklung . . 22

Sibylle Fischer
Spurensuche
Annäherung an das subjektive Erleben
und die Bedeutungszuschreibungen von Kindern im Sozialraum . . . 24

Christian Menge
Willkommenspäckchen für Neuzugezogene 26

Sandra Bohlken
MACH!bar
Ein Projekt, um aus Altem Neues zu machen
und Nachbarschaft zu stärken. 28

Pia Schmidt
Tischnachbarn
Eine interreligiöse „SpeiseReise". 30

Doris Dollinger
„Kräfte zusammenwirken lassen ..."
Diakonie Kulmbach und Petri-Kirchengemeinde erhalten f.i.t.2-Siegel
für das Projekt „Auf Rädern zum Essen" – Gemeinsamer Mittagstisch
für ältere Menschen 32

Dagmar Pruin
„Wir bitten um Frieden"
Aktion Sühnezeichen Friedensdienste 34

Andreas Schlamm
Nachbarn, die wir nicht sehen 35

Karolin Minkner
Nachbarn auf Zeit
Ökumenische Jugenddienste in Deutschland 36

Gregor Hohberg und Roland Stolte
Das House of One
Geschwister, die beieinander wohnen 38

Martin Erhardt
Wir sind Nachbarn. Alle
Das Projekt „Sorgende Gemeinde werden" 40

HINTERGRÜNDE

Carsten Fürstenberg
Nachbarn vor Ort
Wozu Sozialraumorientierung in Kirche und Diakonie? 43

Sebastian Kurtenbach
**Folgen nachbarschaftlicher Entwicklungen
für gemeinwesenorientierte Arbeit** 46

Stefan Ark Nitsche
„Nachbarn in den Berufen"
Wie die ELKB das gelingende Miteinander der Berufsgruppen
in der Kirche fördert. 48

Jörg Machel
Wenn zwei sich streiten, schlichtet der Dritte
Mediation kann verbissene Streithähne dazu bringen,
sich wieder zuzuhören 50

KIRCHENJAHR / ENTWÜRFE

Thomas Oelerich
***friedens*klima**
Ökumenische FriedensDekade 2019 52

Ingrid Piontek
Wie soll ich dich empfangen?
Adventswerkstatt 53

Bettina Emhardt
Lebendiger Adventskalender im Stadtteil 56

Uwe Hahn
Krippenspiel an zwei Orten 58

Christopher Zarnow
Theologisch auf den Punkt gebracht: Nächstenliebe 60

FORUM

Bernd Neukirch
Methodenbox: Systemisches Konsensieren 62

Claudia Brand
Medientipps 63

Petra Müller
Buchtipps für die gemeindliche Praxis 64

Thomas Böhme
Info und Personen 65

Lars Charbonnier
PGP für die Praxis 65

Lars Charbonnier
Buchrezensionen 67

NACHBARN

Liebe Leserinnen und Leser,

Lars Charbonnier,
PGP-Schriftleiter

„Was tun Sie", wurde Herr K. gefragt, „wenn Sie einen Menschen lieben?" „Ich mache einen Entwurf von ihm", sagte Herr K., „und sorge, dass er ihm ähnlich wird." „Wer? Der Entwurf?" „Nein", sagte Herr K., „der Mensch." (Bertolt Brecht)

Sicher, einen Nachbarn muss ich nicht lieben. Und trotzdem fiel mir diese Geschichte ein, als ich unser Heftthema dieser Ausgabe für mich meditierte: Wie oft mache ich mir Bilder von den Menschen, mit denen ich lebe, meinen Alltag teile, und wie oft treffen sie wirklich zu? Bilder vom idealen Nachbarn zumindest habe ich deutlich in mir. Und nur selten finden sie haargenau so Entsprechung in der Wirklichkeit. Stattdessen kommen Frust und Enttäuschung auf, wenn es nicht so klappt „mit den lieben Nachbarn" – und die Geschichte vom Hammer von Paul Watzlawick ist nicht nur Fiktion. Ich bin in meinem Leben bisher 13 Mal umgezogen, was Nachbarn Gutes und was sie Schlechtes bewirken können, davon kann ich einiges erzählen, was tiefer geht als skurrile Geschichten oder humorige Begebenheiten. Auf dem Land wie in der Stadt ist sie prägend, die Nachbarschaft, oft mit direktem Kontakt oder nicht, ob mit Freude und unterstützend gelebt oder als alltäglicher Grund für Ärgernis und Fremdheitsgefühle. Nachbar ist jede und jeder, aus dieser Rolle komme ich kaum raus.

Mit dem Blick des Christen ist der Sprung vom Nachbarn zur Liebe dann doch gar nicht mehr so weit. Nicht jeder Nächste muss der Nachbar sein, nicht jeder Nachbar ist der Nächste – und dennoch ist dieses Thema dem Gebot der Nächstenliebe inhärent. Die Frage des lukanischen Jesus ist hier bleibend interessant: Wer von diesen, meinst du, ist der Nächste geworden? Nachbarschaft im Sinne, eines anderen Nächster zu sein, ist nicht nur eine Frage der Lokalität. Oder eben gerade. Es ist eine Frage der Beziehung, der Angewiesenheit, der Notwendigkeit. Das halte ich für eine spannende Perspektive auch für unser hier vorliegendes Heft zum Thema Nachbarn. Wir nehmen uns damit eines Themas an, das ein Trendthema insbesondere der kirchlich-diakonischen Arbeit ist: Die Hinwendung zur konkreten Nachbarschaft, zum Sozialraum, zum Quartier ist ein Schlüsselparadigma für zukünftige kirchlich-diakonische Praxis. Was das heißt und wie das gehen kann, zeigen wir exemplarisch auf in diesem Heft für unterschiedliche Situationen gemeindepädagogischer Praxis. Unsere Autorinnen und Autoren fragen nach biblischen Vorstellungen von Nachbarschaft, suchen die aktuelle Auseinandersetzung rund um das Leben in geteilten Sozialräumen, weiten die Perspektive in größere Räume und globale Bezüge. Verschiedene Formen von Nachbarschaft geraten in den Fokus – bis hin zu denen, die oft unsichtbar bleiben. Wem kann ich, wem soll ich Nachbar sein oder werden – diese Frage webt sich ein in dieses Heft und ist in der Konkretion zu beantworten – auch trotz oder gerade wegen der Erkenntnis, dass wir Nachbarn sind. Alle.

Ihnen wünschen wir von der Redaktion wieder einmal eine spannende und hoffentlich bereichernde und inspirierende Lektüre!
Ihr

Diese Ausgabe enthält eine Beilage der Fa. Reise Mission, Leipzig. Wir bitten um freundliche Beachtung.

„Seht, wie sie einander lieben!"

Ulrich Lilie

Schon die ersten Christinnen und Christen vor über 2000 Jahren waren gute Nachbarinnen und Nachbarn. Unsere Mütter und Väter im Glauben sind durch ihren solidarischen und geschwisterlichen Lebens- und Beziehungsstil aufgefallen. Der römische Autor Tertullian hat überliefert, was Außenstehende damals bewundernd feststellten: „Seht, wie sie einander lieben!" Diese erfahrbare Einheit zwischen dem befreienden Wort und der helfenden Tat hat ihre Botschaft für ihre Zeitgenossen immens anziehend werden lassen. Dabei war auch die älteste christliche Gemeinde in Jerusalem von Anfang an ein vielschichtiges,

ja multikulturelles Phänomen. Die Apostelgeschichte berichtet, dass kulturelle Verschiedenheit auch dort zu sozialen Spannungen geführt hat. So konnten hebräisch-sprachige Witwen, wenn sie in Not waren, an einer täglichen Mahlzeit teilnehmen; die griechisch-sprachigen Witwen wurden bei der täglichen Versorgung zunächst ausgelassen (Apg 6,1–7). Die Gemeinde hat diese Unterscheidung zwischen Alteingesessenen und Fremden, von alten und neuen Nachbarinnen in Jerusalem abgelehnt. Sie hat aus ihrer Mitte Personen, die Diakone, damit beauftragt, sich darum zu bemühen, dass Notleidenden wirksam geholfen wird. Allen.

Diese frühe Entscheidung trägt bis heute. Auch heute kann schon kleine Unterstützung aus dem Umfeld die Lebensqualität von Menschen deutlich steigern und selbstbestimmtes Leben und Wohnen auch im eigenen Quartier erleichtern helfen: Erfahrungen mit alten Menschen, mit Menschen mit Beeinträchtigungen genauso wie Erfahrungen mit Menschen, die nach Deutschland geflohen sind, zeigen, dass nachbarschaftliches Engagement im Wohnumfeld die Lebens- und die Versorgungsqualität deutlich verbessert. Nur so, mit zivilgesellschaftlicher Unterstützung, mit bürgerschaftlichem und nachbarschaftlichem Engagement wird zum Beispiel die Jahrhundert-Herausforderung der Integration von nach Deutschland kommenden Menschen gelingen können. Aus Flüchtlingen können tolle Nachbarn werden. Was uns Kindern Tante Anni, die als junge Frau im Zweiten Weltkrieg aus Oberschlesien geflohen war, in dem Stadtteil, in dem ich Kind sein durfte, als gute Seele bedeutete, steht leider in keiner Stadtchronik. Diese alte Dame mit ihrem Kanarienvogel und ihrem großen Herz hätte ein Denkmal verdient! Wir sind Nachbarn. Alle.

Auch weltweit sind wir längst Nachbarn geworden. Noch vor 50 Jahren war Syrien weit weg, heute macht sich das, was in Syrien geschieht, unmittelbar auch in Solingen bemerkbar. Und die unbequeme Wahrheit ist, dass auch unser Lebensstil und unsere Politik dazu beigetragen haben und immer noch beitragen, dass Menschen in vielen Ländern ihre alten Nachbarinnen und Nachbarn verlieren. Wer verhindern will, dass Menschen, die wie wir gerne in ihrer Heimat leben, heimatlos werden, muss mit aller Kraft daran arbeiten, die sogenannten Fluchtursachen zu beheben. Das geht. Denn

sie sind nicht einfach gegeben, sondern geworden, politisch, von Menschen gemacht und also gestaltbar: unfaire globale Handelsbedingungen, die Nichtbeachtung von Menschenrechts- und Umweltstandards bei Lieferketten oder wachsende weltweite soziale Ungleichheit gehören zu diesen Ursachen. Und ebenso Waffenlieferungen in Spannungsgebiete und an Länder, die systematisch die Menschenrechte verletzen. Auch daran zu arbeiten, ist eine hochaktuelle Dimension guter Nachbarschaft in der Schicksalsgemeinschaft Welt. Unsere Mütter und Väter im Glauben haben uns wunderbar darauf vorbereitet, uns ohne Ansehen der Person für andere einzusetzen.

Ich bin überzeugt, dass darin eine Chance für uns Christinnen und Christen heute liegt: Menschen werden für den Glauben nicht nur durch gute Predigten und liebevoll gestaltete Gottesdienste angesprochen und begeistert, sondern auch, wenn sie selbstverständlich hereingenommen werden in ein Netz lebendiger Beziehungen, die von Nächsten- und Gottesliebe geprägt sind: wenn sie die Erfahrung machen, dass sie auch in ihrer unmittelbaren Umgebung gewollt und zugehörig sind.

In Kooperation mit den evangelischen Kirchen fördern wir als Diakonie Deutschland daher mit unserer aktuellen Initiative „Kennen.Lernen" neue Impulse für Vielfalt und Begegnung – für eine für alle offene, zugewandte und engagierte Gesellschaft. Sie alle sind eingeladen, sich mit ihren Ideen und Erfahrungen zu beteiligen und so zu Botschafter*innen für Vielfalt und gute Nachbarschaft zu werden. www.diakonie-kennenlernen.de.

Pfarrer Ulrich Lilie ist seit 2014 Präsident der Diakonie Deutschland, seit 2017 Vorstandsvorsitzender des Evangelischen Werkes für Diakonie und Entwicklung und seit 2018 Vizepräsident der Bundesarbeitsgemeinschaft der Freien Wohlfahrtspflege (BAGFW).

Foto: Diakonie_Thomas Meyer

Wer ist mein Nachbar?
Was bedeutet Nachbar?

Christine Ursel

Das Wörterbuch der deutschen Sprache bezeichnet „Nachbar" als jemanden, der (unmittelbar) neben jemandem wohnt, innerhalb einer Reihe neben jemandem sitzt oder steht. Damit ist der Nachbar „der Nächstwohnende, Nächstsitzende".

Von der Herkunft her verbindet es zwei Dinge: Die „Nähe" und den „Bauern":
• nāhgibūr, nāhgibūro (althochdeutsch, 8. Jahrhundert)
• nāch(ge)būre, nāch(ge)būr (mittelhochdeutsch)
• nabuur (niederländisch)
• nēahgebūr, nēahhebūr (altenglisch)
• neighbour (englisch)
• nābūi (altnordisch)
• nabo (schwedisch)
• naapuri (finnisch)
NAH steht für „nicht weit entfernt, eng, vertraut".
BAUER im Sinn des althochdeutschen gibūro ist jemand, der „die Wohnung mit (einem) anderen gemeinsam hat", der „Mitbewohner".

Wie eng oder wie weit fassen wir den Begriff? Wer ist mein Nächster? Während früher sich der nachbarschaftliche Horizont auf die lokale Ebene bezogen hat, hat sich die Reichweite deutlich vergrößert. Es ist für uns selbstverständlich, regional zu agieren und letztlich global vernetzt zu denken. Nachbarn in diesem Sinn können damit alle sein – wir sind miteinander verbunden und sind alle „Mitbewohner" im Erdenhaus. Das bedeutet, dass wir als Nachbarinnen und Nachbarn immer auch „ökumenisch" unterwegs sind.

Nachbarschaftshilfe ist sprichwörtlich, oft noch selbstverständlich und für viele (überlebens)wichtig. Und wenn es das Briefkastenleeren und Blumengießen während des Urlaubs ist, ein kleiner Einkauf, das Schneeräumen. Das geht nur mit Vertrauen.

Nachbarschaftsstreit kann das Leben vermiesen, einem die Luft zum Atmen und die Unbeschwertheit nehmen. Mancher sieht sich deshalb vor Gericht wieder.

Manche wollen mehr als die übliche Nachbarschaft. Sie wollen verbindlich und verlässlich füreinander da sein, Leben teilen und doch eigenständig bleiben. Gemeinschaftliche Wohnprojekte boomen, auch generationsübergreifende Initiativen.

Zwischen Nähe und Distanz gilt es beim Thema Nachbarschaft gut abzuwägen. Wie freundlich will ich sein? Wie freundschaftlich darf es werden? Wie fremd möchte ich auch bleiben, gerade wenn man so viel von den Lebensäußerungen der anderen mitbekommt? Wo ist meine Grenze? Wo ist die Grenze meiner Nachbarinnen und Nachbarn?

Egal wie nah oder fern die anderen sind – Nachbarschaft beschreibt ein Beziehungsgeschehen, das nicht einfach so besteht, sondern gepflegt werden will, wenn es sich (weiter) entwickeln soll. Damit Nähe entstehen kann braucht es Aufmerksamkeit, Wahrnehmung, Zuwendung. Und zu allererst eine Entscheidung dafür: sei es in der Hausgemeinschaft, im Quartier, im Ort, in der Region, im eigenen Land, im analogen und virtuellen Raum weltweit.

Nachbarschaft sprichwörtlich

Wer ein Haus kauft, kauft die Nachbarn mit.
(Aus England)

Gute Nachbarn sind ein echter Schatz.
(Aus Ungarn)

Böse Nachbarschaft ist schlimmer als Bauchschmerzen.
(Aus der Lombardei)

Liebe Deinen Nachbarn, aber reiße den Zaun nicht ein.
(Deutsches Sprichwort)

Christine Ursel ist Fortbildungsreferentin beim Diakonischen Werk Bayern – Diakonie.Kolleg und Mitglied der Redaktion der PGP.

Nachbarschaft in biblischer Zeit

Philipp Enger

Die berühmte Bezeichnung des Menschen als *zōon politikón* durch Aristoteles beschreibt ihn als Lebewesen, das in einem Sozialgefüge (*pólis*) zusammenlebt und dieses Sozialgefüge (anders als Primaten) zielgerichtet gestaltet. Der Mensch ist physisch und ökonomisch nur überlebensfähig in einem Netz aus sozialen Beziehungen. Die basalen Beziehungen des Alltagslebens sind Verwandtschaft und Nachbarschaft – Menschen, die einander familiär oder räumlich nahe sind. Nachbarschaft lässt sich definieren als „eine soziale Gruppe, deren Mitglieder primär wegen der Gemeinsamkeit des Wohnortes miteinander interagieren"[1]. Pure räumliche Nähe stellt aber noch keine soziale Verbundenheit her, noch nicht mal die Notwendigkeit von Kontakt. „Damit aus räumlicher Nähe soziale Nähe und damit Nachbarschaft werden kann, sind weitere, soziale Faktoren nötig: gemeinsame Interessen, übereinstimmende Verhaltensnormen, Ähnlichkeiten der sozialen Lage und des Lebensstils. Der räumlich nah Wohnende muss auch sozial nah sein, damit eine Gemeinschaft der Nachbarn entstehen kann."[2]

Der räumlich nah Wohnende muss auch sozial nah sein, damit eine Gemeinschaft der Nachbarn entstehen kann.

Nachbarschaft als Schicksalsgemeinschaft

Das Wort Nachbar stammt vom althochdeutschen *nāhgibūr* und bedeutet ursprünglich „einer, der in der Nähe (am gleichen Wohnort) wohnt"[3]. Erst später kann das Wort als „der nahe Bauer" verstanden werden, also einen Menschen, der Stand und Lebensform teilt.[4] Gleichwohl bildete die räumliche Nähe der Nachbarschaft in archaischen Gesellschaften eine Schicksalsgemeinschaft, die einerseits lebenslang und gar über Generationen konstant blieb und andererseits aufgrund gleicher Rahmenbedingungen ökonomisch und politisch verband.[5] Dürre und Insektenplagen betrafen die ganze Dorfgemeinschaft (Jer 14,1–4; Joel 1), und ganze Ortschaften wurden in Kollektivhaftung genommen, wenn ein oder mehrere herausragende Bewohner sich fehlverhalten hatten gegenüber der Gottheit oder dem König (Gen 19; Ri 9,42–45; 1Kön 21). Schicksalsschläge wurden in gemeinschaftlichen Entsühnungsritualen oder Klagefeiern verarbeitet (Dtn 21,1–9; Jes 15,2 f.; 16,12; Jer 14,12). Diese Notwendigkeit des gemeinsamen Überlebens führte dazu, dass sich diese konstante Lebensgemeinschaft durch soziale Normen und kulturelle Symbole homogenisierte.[6] Ortschaften stellten sich kollektiv unter den Schutz und Segen einer Gottheit (Kirjat Baal, „Ortschaft Baals", Jeruschalem, „Stadt Schalems", Betel, „Haus Els") und verehrten sie gemeinschaftlich im Ortsheiligtum. Dort feierte die ganze Einwohnerschaft regelmäßig Feste und Opfermähler, die die Gemeinschaft →

Die räumliche Nähe der Nachbarschaft bildete in archaischen Gesellschaften eine Schicksalsgemeinschaft, die lebenslang und gar über Generationen konstant blieb.

1 B. Hamm, Betrifft: Nachbarschaft, Düsseldorf 1973, S. 18.

2 W. Siebel, Schwerpunktbeitrag: Nachbarschaft, Philosophie InDebate, URL: <https://philosophie-indebate.de/3038/schwerpunktbeitrag-nachbarschaft> (abgerufen am 23.8.2019).

3 F. Kluge, Etymologisches Wörterbuch der deutschen Sprache, bearb. v. E. Seebold, Berlin/New York ²³1999, S. 579.

4 Vgl. a.a.O., S. 86.

5 Eine israelitische Ortschaft in alttestamentlicher Zeit hatte „in der Regel 50 bis 300 [Einwohner], in seltenen Ausnahmefällen bis zu 1000" (vgl. E. Gerstenberger, Theologien im Alten Testament. Pluralität und Synkretismus alttestamentlichen Gottesglaubens, Stuttgart 2001; S. 80).

6 Zu Kult und Ethos der dörflichen (kleinstädtischen) Wohngemeinschaft vgl., a.a.O., S. 78–91.

manifestierten und festigten (Ri 9,26 f.; 21,19–21; 1Sam 9,19-24). In der Dorfgemeinschaft war der „Nachbar" nicht nur der „Nahewohnende", sondern der „Genosse". Folglich identifizierten sich Menschen mit ihrem Heimatort oder wurden mit ihm identifiziert (1Sam 28,3; 2Sam 17,23; 19,38; 1Kön 17,1). Das Individuum war auf die soziale Einbindung und nachbarschaftliche Unterstützung existentiell angewiesen. Das wird spätestens deutlich, wenn es aus dem sozialen Verbund herausfiel. Die Klagepsalmen und das Hiobbuch schildern bildreich die Todesnähe der sozialen Isolation. Unter den „Feinden" und „Frevlern" (zutreffender übersetzt mit „Gewalttätern"), die den Psalmbetern und Hiob das Leben schwer machten, werden neben Verwandten vor allem Nachbarn gewesen sein, die von übler Nachrede über Sabotage bis zu Anschlägen alle Mittel einsetzten, um das unbotmäßige Gemeinschaftsmitglied zu sanktionieren und zur Unterordnung zu zwingen (z. B. Ps 41,6-10; 71,9–11; 88,9.19). Besonders anschaulich ist das Beispiel Jeremias, der aufgrund seiner als defätistisch wahrgenommenen Kritik an den sozialen und religiösen Zuständen in Juda von seiner Umwelt – ausdrücklich erwähnt sind „die Männer aus Anatot", seiner Heimatstadt – ausgegrenzt, bedroht und an den Rand des Suizids gedrängt wurde (Jer 11,19.21; 15,10; 16,5.8; 18,18 f. 23; 20,7.10).

Das Individuum war auf die soziale Einbindung und nachbarschaftliche Unterstützung existentiell angewiesen.

Zerfallende Nachbarschaften

So eng die soziale Ordnung und der Konformitätsdruck der archaischen Dorfgemeinschaften war, so ideal erschien die relative Gleichstellung aller erwachsenen, grundbesitzenden Männer und die Solidargemeinschaft, als sie sich auflöste. Mit den ältesten Texten des Alten Testaments stehen wir in einer Gesellschaft, in der die dörflichen Nachbarschaften nicht mehr als homöostatische Systeme funktionierten, sondern aus dem Gleichgewicht gerieten. Die Propheten des 8. Jh.s v. Chr. beschreiben eine Gesellschaft, in der die ökonomische und soziale Grundlage der Dorfgemeinschaft sich aufzulösen begann, nämlich der selbstständige Grundbesitz eines jeden Einwohners (Mi 2,2). Der zunehmende Großgrundbesitz zerstörte die Gesellschaft subsistenter Kleinbauern. Durch die Einbindung Israels und Judas in die „globale" Wirtschaft des Alten Orients in der assyrischen Epoche nahm der Großgrundbesitz zu und verdrängte Kleinbauern und ihre Familien von ihrem angestammten Landbesitz (Am 8.4; Mi 2,9 f.; Jes 5,8). Die großgrundbesitzende Oberschicht bediente sich dabei einerseits des ruinösen antiken Kreditrechts, das die Schuldner erst zur Verpfändung ihres Landbesitzes (Mi 2,2.9) und dann ihrer selbst und ihrer Familien zwang (Am 2,6; 8,6; Mi 3,2). Und sie beeinflusste andererseits die Ortsgerichtbarkeit durch Einschüchterung und Bestechung zu ihren Gunsten (Jes 5,20.23; 10,1; Am 5,10; Mi 3,9.11); die Rechtsansprüche von Kleinbauern wurden abgewiesen (Am 2,7; 5,12), und Witwen und Waisen um ihren Erbbesitz betrogen (Jes 10,2; Hos 5,10; vgl. Spr 15,25; 23,10). Die traditionelle, stabile Nachbarschaft in den solidarischen Dorfgemeinschaften wurde zerstört; und damit war die gesamte Gesellschaft nach Meinung der Propheten dem Untergang geweiht. →

Ideal erschien die relative Gleichstellung aller erwachsenen, grundbesitzenden Männer und die Solidargemeinschaft, als sie sich auflöste.

Der zunehmende Großgrundbesitz zerstörte die Gesellschaft subsistenter Kleinbauern.

Sozialrechtliche Nachbarschaftsreparaturen

Die grundbesitzlosen Einwohner der Dörfer sowie die rechtlosen Witwen und Waisen wurden durch Rechtsschutz, sozialrechtliche Unterstützungs- und kultische Integrationsmaßnahmen als Teil der Dorfgemeinschaft abgesichert.

Das Heiligkeitsgesetz übernahm sozialrechtliche Regelungen des deuteronomischen Gesetzes, ging aber weiter bei der Wiederherstellung der Integrität der dörflichen Nachbarschaften.

Erst das Bundesbuch (Ex 20,22–23,19; Ende des 8.Jh.s v. Chr.) und mehr noch das deuteronomische Gesetz (Dtn 12–26; Ende des 7. Jh.s v. Chr.) versuchten, der Auflösung der dörflichen Sozialstrukturen entgegenzuwirken. Das Pfandrecht wurde eingeschränkt (Dtn 24,6.10–13.17), die Zinslosigkeit von nachbarschaftlichem Kredit zur Regel erklärt (Dtn 23,20) und eine Nullstellung aller Kredite und Leibpfänder alle sieben Jahre festgelegt (Dtn 15,1–11). Die grundbesitzlosen Einwohner der Dörfer (Tagelöhner und Ortsfremde) sowie die rechtlosen Witwen und Waisen wurden durch Rechtsschutz, sozialrechtliche Unterstützungs- und kultische Integrationsmaßnahmen als Teil der Dorfgemeinschaft abgesichert (Dtn 14,29; 15,18; 16,11.14; 24,14.19–21; 26,12 f.). Die Gruppe der grundbesitzenden Männer eines Dorfes wurden zu einem familienähnlichen Netzwerk von „Brüdern", die eine nachbarschaftliche Solidargemeinschaft verantworteten.

In der frühnachexilischen Zeit übernahm das Heiligkeitsgesetz (Lev 17–26) eine Reihe der sozialrechtlichen Regelungen des deuteronomischen Gesetzes (Lev 19,9 f.13.15), ging aber in zwei Punkten deutlich weiter bei der Wiederherstellung der Integrität der dörflichen Nachbarschaften nach den Zerrüttungen der babylonischen Epoche. Erstens wurde der Erlass aller Kredite und die Freilassung aller Schuldsklavinnen und -sklaven um eine Rückgabe aller verkauften und verpfändeten Erbgrundstücke zu einer regelrechten Wiederherstellung des Ursprungszustands dörflicher Gemeinschaften alle 49 Jahre ergänzt (Lev 25).

Nachbarschaften wurden also ein Mal je Generation in einen ökonomischen Ausgangszustand ursprünglicher Ausgeglichenheit zurückversetzt. Zweitens wurde der folgenschwere Satz formuliert: „Du sollst deinen Nächsten lieben wie dich selbst". (Lev 19,18b) Der althebräische Begriff *rēaʿ* „besitzt einen weiten Spannungsbogen von Bedeutungsnuancen [...]. Ohne scharfe Abgrenzung lassen sich ein engerer (a), ein weiterer (b) und ein pronominaler Gebrauch (c) erkennen"[7], d.h. von (a) „Freund, Vertrauter, Gefährte, Genosse" über (b) „Mitmensch, Nächster" bis zu (c) „Anderer". Dabei wird aus den vorangehenden Versen (V.16–18a) deutlich, dass die Bedeutungsnuance von Lev 19,18b eine engere Variante von (b) ist, denn der „Nächste" wird über die Volkszugehörigkeit bestimmt und steht parallel zu „Bruder". Er ist also mehr „Landsmann" als „Nachbar". Durch die parallele Formulierung in V.34: „Du sollst den Fremden lieben wie dich selbst" – wobei der priesterschriftliche Fremde der ethnisch-religiös Fremde ist, der dauerhaft am Ort lebt, der Immigrant also – wird ein gesellschaftliches Ideal erkennbar: Die sozialen Beziehungen vor Ort, also die Nachbarschaften, sollen von einer inneren Haltung tiefster Verbundenheit und Loyalität geprägt sein.[8] Aus den politischen Verwendungen des Begriffs „lieben" im Alten Orient ergibt sich darüber hinaus eine deutlich effektive und praktische Ausrichtung der inneren Haltung hin zu „unterstützen" und „sich nützlich erweisen". Die nachexilischen judäischen Ortschaften sollten quasi freundschaftliche Genossenschaften werden. →

Die sozialen Beziehungen vor Ort, also die Nachbarschaften, sollen von einer inneren Haltung tiefster Verbundenheit und Loyalität geprägt sein.

---

7   J. Kühlewein, Art. עֵר *rēaʿ* Nächster, THAT II, München/Zürich 31984, Sp. 786–91.

8   Vgl. H.-P. Mathys, Liebe deinen Nächsten wie dich selbst. Untersuchungen zum alttestamentlichen Gebot der Nächstenliebe (Lev 19,18), OBO 71, Fribourg/Göttingen 1986, S. 20–28.

Neutestamentliche Neuinterpretationen

Durch die Weitung des Nächsten-Begriffs zum Volksganzen hin und die Kombination mit dem Immigrantenliebegebot steht das Nächstenliebegebot offen für Interpretationen, wie weit es wirken soll. So ist die Frage des Gesetzeslehrers im Lukasevangelium sehr sinnvoll: „Wer ist denn mein Nächster?" (Lk 10,29.) Jesus geht mit seiner Antwort in Form der Beispielgeschichte vom Barmherzigen Samariter über Orts- und Volkssolidarität hinaus, aber nicht in die Weite der gesamten Menschheit; denn der Samaritaner ist ein heterodoxer, vom Jerusalemer Kult unabhängiger Jude und kein Heide. Weltnachbarschaft ist noch nicht angedacht.

Die urchristlichen Gemeinden waren anderen Herausforderungen der Nachbarschaft ausgesetzt, nämlich religiös und kulturell vielfältigen römisch-hellenistischen Stadtbevölkerungen. Paulus bemühte sich, seine Hausgemeinden vor Isolation in der Nachbarschaft zu bewahren, indem er die rituelle Abgrenzung auf ein Mindestmaß reduzierte. Die jüdischen Speiseregeln galten für ihn nicht mehr, aber auch das Verbot von Götzenopferfleisch, das, rigoros gehandhabt, jegliche Form intensiverer sozialer Kontakte außerhalb der Gemeinden

Paulus bemühte sich, seine Hausgemeinden vor Isolation in der Nachbarschaft zu bewahren, indem er die rituelle Abgrenzung auf ein Mindestmaß reduzierte.

unmöglich gemacht hätte, legte er pragmatisch und niederschwellig aus (1Kor 10,23–33). Ebenso wurde das jüdische Endogamieideal angesichts der naherückenden Endzeit außer Kraft gesetzt (1Kor 7,12–16). Vor allem aber appellierte er an die Urchristinnen und Urchristen in Frieden und Gutwilligkeit mit ihrer heidnischen Umgebung zu leben: „Vergeltet niemandem Böses mit Bösem. Seid auf Gutes bedacht gegenüber jedermann. Ist's möglich, soviel an euch liegt, so habt mit allen Menschen Frieden." (Röm 12,17 f.; vgl. Gal 6,10.) Das nachbarschaftliche Außenverhältnis der Gemeinden war „so bestimmt, daß man sich als ‚untadelige Kinder Gottes' in einem verdrehten und verkehrten Geschlecht lebend wußte (Phil 2,15), daß man ‚wohlanständig wandelte' (1.Thess 4,12; vgl.Phil 4,8)"[9].

Das Liebesgebot, durch den Heiligen Geist verstanden, ist die Fülle des Gesetzes und fordert nicht nur die Bruderliebe (Röm 12,10), sondern darüber hinaus allen Menschen Gutes zu tun und mit ihnen in „Schalom" zu leben. Im Licht des anbrechenden neuen Äons sollten die Gemeinden in Frieden und Solidarität mit ihrer Nachbarschaft leben über die religiösen und kulturellen Unterschiede hinweg.

„Vergeltet niemandem Böses mit Bösem. Seid auf Gutes bedacht gegenüber jedermann. Ist's möglich, soviel an euch liegt, so habt mit allen Menschen Frieden."

9 J. Becker, Paulus. Apostel der Völker, Tübingen 1989, S. 264.

Philipp Enger ist Professor für Biblische Theologie im Studiengang Ev. Religionspädagogik an der Ev. Hochschule Berlin.

Nachbarschaft ohne Gartenzaun

Eine lebendige Gemeindepartnerschaft zwischen Deutschland und Tansania

Ein Interview mit Regina Meyer aus der Mariengemeinde Leipzig-Stötteritz

Uwe Hahn

Uwe Hahn: Für unser Heft „Nachbarn" möchte ich dich zur Gemeindepartnerschaft befragen. Heute zu einer innerdeutschen Partnerschaft zwischen Hannover-Marienwerder und Leipzig Stötteritz und zu den Gemeinden Arushachini und Chemchem in Tansania. Seit wann gibt es diese Partnerschaft und wie kamst du dazu?
Regina Meyer: Zunächst sind es zwei Partnerschaften, eine Ost – West und eine Nord – Süd. Die innerdeutsche Partnerschaft kenne ich aus den 80er Jahren, mit unkomplizierten Besuchen zur Leipziger Messe, gemeinsamen Rüstzeiten usw. Damals pflegte die Gemeinde in Hannover-Marienwerder schon einen Kontakt nach Tansania, dieser wurde 1971 mit Handschlag besiegelt. Man wollte als Gemeinde über den Tellerrand bzw. Gartenzaun gucken. Besuche spielten eine wichtige Rolle. Hannoveraner und Tansanianer bauten in Magadini gemeinsam eine Kirche.

1990 gab es von Hannover und Stötteritz eine gemeinsame Rüstzeit in Mötzow. Dort war Tansania ein Thema. Für 1991 hatten die Hannoveraner eine Reise geplant. Das können wir doch gemeinsam machen, dachten wir, und ich war dabei.

Wie war diese erste Reise?
Wir wurden begeistert und herzlich aufgenommen. Eine tolle Gemeinschaft! Man hatte Interesse an uns. Drei intensive Wochen, wenig Rückzugsräume, man lebt auf engem Raum zusammen. So ist es bis heute geblieben.

Deiner ersten Reise folgten 18 weitere Besuche und die nächste Reise ist geplant.
Inzwischen sind Freundschaften entstanden. Ich darf Anteil nehmen am Leben, an Freud und Leid. 2002 begann ich, die Sprache zu lernen. Ich verstehe nicht immer alles, aber das direkte Gespräch ist wunderbar.

Was sind aus deiner Sicht die Meilensteine der Partnerschaft?
In den drei Gemeinden gibt es Partnerschaftskomitees. Dort werden die Besuche geplant und mögliche Projekte beraten. Es gibt eine Fastenaktion vor Ostern. Dabei wird für die Kindergärten in den Partnergemeinden Geld gesammelt, wovon den ca. 500 Kindern eine kostenlose Mahlzeit (Maisbrei) täglich für jeweils ein Jahr ermöglicht wird. 2015 und 2016 gab es einen wechselseitigen Jugendaustausch, das Workcamp. Seit 2018 arbeitet jeweils für ein Jahr ein Süd-Nordfreiwilliger im Kindergarten und in der Gemeinde in Leipzig.

Es sind ungleiche Partner. Wie profitieren die einzelnen Akteure von der Partnerschaft?
Nach der Wende sind viele innerdeutsche Gemeindepartnerschaften eingeschlafen. Wir jedoch haben weiter guten Kontakt, denn wir sind auch verbunden mit Tansania. Dort möchten wir besonders die Bildung unterstützen. Wir treffen uns als Christen und beten füreinander, jeden Sonntag im Gottesdienst. In jeder Gemeinde brennt dann immer die Partnerschaftskerze auf dem Altar. Höhepunkte in der Arbeit des Partnerschaftskomitees sind die Besuche. Diese Lebendigkeit der Gäste aus Tansania, dieses unverstellte Christsein. Leben und Glauben bilden eine Einheit: Du bist gesegnet und ich bete für dich.

Partnerschaft und Nachbarschaft, passt das für dich zusammen?
Wenn ich darunter Zusammensein verstehe, sich voneinander zu erzählen, sich aufeinander zu verlassen, Beziehung zu halten, zu teilen (auch das Bett – man teilt, was man hat), gemeinsam zu lachen und zu weinen, sich auszuhalten in Stärken und Schwächen, Vertrauen zu haben (dem Nachbarn gebe ich meinen Schlüssel) – dann ja!

Regina Meyer ist Mitglied des Kirchenvorstands der Marienkirche Leipzig-Stötteritz.

Uwe Hahn ist Studienleiter für Gemeindepädagogik am TPI in Moritzburg und Redakteur bei der Praxis Gemeindepädagogik.

Mitten im Leben

Die Kita als Akteur aktiver Nachbarschaft

Susanne Menzke

Mittendrin im Leben innerhalb unserer Gesellschaft kommt Kitas eine wachsende Bedeutung zu. Kinder erleben hier einen wesentlichen Teil ihres Alltags, Eltern wissen ihre Kinder gut aufgehoben, in Tür-und Angel-Gesprächen werden wichtige Anliegen und Informationen ausgetauscht, Familien nehmen untereinander Kontakt auf, man ist vernetzt im Sozialraum … All das ist wichtig, denn hier stehen Kinder mit ihren unterschiedlichen Interessen, Fähigkeiten und Bedürfnissen im Mittelpunkt. Will man Kindern gerecht werden, so kommen neben ihren eigenen Gaben und Begabungen auch ihre Lebenswelten in den Blick, die von den Bedingungen der Familien und vom sozialen Umfeld geprägt sind. Die pädagogische Arbeit hat nicht nur das Geschehen innerhalb der Kita im Blick, sondern ist beeinflusst vom sie umgebenden Sozialraum und wirkt zugleich in den Sozialraum hinein. Man fragt nicht nur danach, wie Kinder und ihre Familien den Sozialraum erleben, sondern auch, wie sie ihn entdecken und sich aneignen, wie sie sich im Sozialraum orientieren und wie sie sich mit ihren Interessen, Wünschen und Vorstellungen einbringen können, damit sie möglichst gute Lebensbedingungen finden.

In und um die Kita geschieht aktive Nachbarschaft. Das beginnt auf der informellen Ebene, wenn Menschen miteinander ins Gespräch kommen, wenn Beziehungen wachsen, die gegenseitige Unterstützung ermöglichen, wie etwa beim Abholen der Kinder. Es geschieht z. B. im Rahmen von Elterncafés und Elternabenden. Es geschieht bei ehrenamtlichem Engagement in der und für die Kita durch engagierte Menschen der Umgebung, die hilfreich für Kinder und Familien sind. Und aktive Nachbarschaft geschieht, wo die Kita gut im Sozialraum vernetzt ist, wo Anlaufstellen für Familien bekannt sind, wo man mit anderen Institutionen in der Umgebung kooperiert. Dabei braucht es gemeinsame Ziele und Planungen, klare Absprachen und Verantwortlichkeiten.

Kinder gestalten aktive Nachbarschaft mit, wenn sie sich untereinander verabreden, wenn sie bei alltäglichen Wegen beteiligt sind, etwa beim Einkaufen, wenn der Laternenzug zu St. Martin zum Seniorenheim führt, wenn sie am Stadtteilfest ihre Bilder ausstellen oder wenn die Kita zum Sommerfest einlädt. Je nach Situation entsteht manchmal auch durch die persönlichen Begegnungen in der Kita, z.B.

durch die Aufnahme eines Kindes mit Fluchterfahrung, ein Engagement mit und für die Menschen, die neu in die Nachbarschaft der Kita gekommen sind.

Aktive Nachbarschaft mit bzw. innerhalb der Kirchengemeinde rückt ins Bewusstsein evangelischer Kitas. Eine besondere Rolle spielt für die kirchliche Kita die Kirchengemeinde. Wo Kirchengemeinde und Kita im guten Kontakt zueinander stehen, Informationen austauschen und gemeinsame Veranstaltungen gestalten, bereichern sie sich gegenseitig. Es ist ein gemeinsames Anliegen, Familien als verlässliche Gemeinschaft zu stärken und sie in wichtigen Lebensphasen zu begleiten. Dadurch dass Pfarrer und Pfarrerinnen und/oder weitere Repräsentanten der Kirche immer wieder in der Kita präsent sind, nehmen Kinder und ihre Familien oftmals Kirche ganz neu wahr. Sie haben die Möglichkeit die Kirchengemeinde in ihrer Nachbarschaft für sich zu entdecken. Es entsteht ein Miteinander, bei dem zu spüren ist, dass der Kirche Familien wichtig sind, dass sie Interessen von Kindern und ihren Familien wahrnimmt und gegenseitige Begegnungen, gemeinsame Veranstaltungen ermöglichen will. Wo diese Beziehungsarbeit gelingt, hat das Auswirkungen auf das Selbstverständnis der Kirchengemeinde, die sich immer wieder neu auf Familien in ihrer jeweiligen Situation einlässt. Eine als zugewandt erfahrene Kirche wird auch später als wichtiger Ansprechpartner da sein können. So entwickelt sich eine aktive Nachbarschaft zwischen der Kita und weiteren Teilen der Kirchengemeinde, sei es zur Mutter-Vater-Kind-Arbeit, zu Gottesdiensten mit Familien, zur Senioren- oder Konfi-Arbeit. Nicht nur das Engagement für die Kinder, sondern auch, dass Kinder in diesen Bereichen sichtbar werden und sich einbringen, erleben alle Beteiligten häufig als etwas sehr Wertvolles. Tragfähige Beziehungen untereinander entstehen. Es braucht dazu Offenheit und Interesse von den unterschiedlichen Beteiligten, aber auch gute Strukturen, verlässliche Treffen von Mitarbeitenden und Zeit, um Beziehungen zu pflegen und Begegnungen zu gestalten.

Viele Kitas öffnen sich bewusst zum Sozialraum hin. Mit den Kindern orientieren sie sich im Sozialraum, sie entdecken unterschiedliche Orte mit den Augen der Kinder und gestalten mit ihnen diese Orte. Zur Sozialraumerkundung gehören Wege in der Umgebung wie Einkaufen, Besuche bei Feuerwehr oder Polizei, Wege in die Kirche oder zur Schule, das Aufsuchen von Lieblingsorten, Fotospaziergänge und Malaktionen wie „Kinder sehen ihre Stadt". Mit Blick auf die Familien geht es darüber hinaus um das Wahrnehmen wichtiger Treffpunkte und Anlaufstellen. Manche Kitas laden zu Treffen ein, wie Elterncafés, oder schaffen Begegnungsmöglichkeiten bei Festen. Gemeinsam gestalten sie den Sozialraum so mit, dass Kinder sich ihre Räume aneignen. Je nach Ort und Situation kann das unterschiedlich aussehen: Es kann das Innehalten auf dem Weg sein, das Zusehen bei einer Baustelle oder Betrachten von Pflanzen und Käfern, es mag die Vielfalt am Stadtteilfest sein oder das Einbringen von eigenen Interessen in Gremien der Gemeinde. Die Wünsche und Ideen der Kinder können hier sehr vielfältig sein: von der Spielplatzgestaltung bis zu sicheren Wegen.

Um die Lebenssituationen von Familien zu erleichtern, entwickeln sich einige Kitas zu Familienzentren weiter. Über die bereits bestehenden Möglichkeiten einer Kita hinaus gilt es, weitere Begegnungsmöglichkeiten zu schaffen, Beratungsangebote zu bieten, Anlaufstelle für Interessen von Familien zu sein und sich möglichst vor Ort mit weiteren unterstützenden Hilfen und Institutionen zu vernetzen. Dieses Handeln im Sozialraum hat das Ziel, die Verhältnisse, in denen Kinder und Familien leben, zu verbessern. Solches Engagement muss von den Beteiligten gewollt sein und auch vom Träger der Einrichtung unterstützt werden. Sie benötigt zusätzliche finanzielle und personelle Ressourcen und wird daher häufig von der öffentlichen Hand bezuschusst. Daneben bleibt es Aufgabe jeder Kita und seines Trägers, immer wieder selbst zu entscheiden, welche Möglichkeiten aktiver Nachbarschaft genutzt werden können, wo sie sich mit den pädagogischen Aufgaben verbinden.

Literatur

Jares, Lisa: Kitas sind (keine) Inseln, Münster 2016.

Nolte Johanna: Kita Fachtexte: Sozialraum- und Lebensweltorientierte Vernetzung und Kooperation, 2014. <www.kita-fachtexte.de/de/fachtexte-finden/sozialraum-und-lebensweltorientierte-vernetzung-und-kooperation>.

Susanne Menzke ist Pfarrerin am Religionspädagogischen Zentrum Heilsbronn im Referat Elementarbereich.

Mehrdimensionale Nachbarschaft

Leben zwischen Diakonissenanstalt und Campus

Friedrich Rößner

Nachbarn beim Essen und im Engagement

Heute waren unsere Nachbarn zum Mittagessen bei uns. Ganz unkompliziert, kurzfristig eingeladen, ohne großen Aufwand. Ein ganz normaler Vorgang unter Nachbarn. Nur: Während ich die Diakonie-Gemeinschaft am Ort leite, leitet mein Nachbar die Landeskirchlichen Gemeinschaften in Bayern, wozu wiederum auch die Diakonie-Gemeinschaft gehört. Als Ehrenamtlicher arbeitet er in unserem Werk mit, während ich als Ehrenamtlicher in seinem Werk mitarbeite. Das gibt viele Ansatzpunkte für Gespräche und gemeinsame Themen.

Nachbarschaftliches Leben auf einem Campus

Das geschilderte Treffen offenbart auch die verschlungene Gemengelage zwischen Haupt- und Ehrenamt, Freundschaft und Konkurrenz, Nähe und Distanz. So ist das nicht nur bei uns beiden. Auf dem Gelände leben freie Mitarbeitende und Diakonissen, ganz normale Mieter und Gäste, Bewohner des Alten- und Pflegeheimes und junge Erwachsene, die ein freiwilliges soziales Jahr machen, als Nachbarn nah beisammen. Dazu kommen noch die Mitarbeitenden des Pflegeheimes, die in der Zwischenzeit aus vielen Nationen mit völlig unterschiedlichen kulturellen Prägungen stammen. Manche Hauptberufliche engagieren sich zusätzlich noch ehrenamtlich bei einem missionarischen oder diakonischen Projekt. Einige Dorfbewohner und angrenzende Nachbarn arbeiten auch punktuell ehrenamtlich mit. Natürlich wissen alle so gut wie alles übereinander. Täglich gibt es viele Berührungspunkte wie in den Nachbarschaftsbezügen eines normalen Quartiers. Hier eben nur zusätzlich noch angereichert durch berufliche Kontakte oder die gemeinsame Andacht am Morgen. Wie kann hier gemeinschaftliches – nachbarschaftliches – Leben gelingen? Mit einem frommen Mäntelchen jedenfalls nicht. Spätestens nach einem halben Jahr des nah

beieinander und miteinander Wohnens, Lebens, Betens und Arbeitens ist jeder fromme Schein enttarnt.

Authentizität und Ambiguitätstoleranz

Hier helfen nur Authentizität und Ambiguitätstoleranz; zwei große Schlagworte. Manche der älteren Schwestern würden verständnislos den Kopf schütteln, aber sie leben es. Dietrich Bonhoeffers „Gemeinsames Leben" ist dabei ein guter Begleiter, wird immer wieder gelesen oder zitiert. Darin schreibt er Sätze wie: „Christliche Gemeinschaft heißt Gemeinschaft durch Jesus Christus und in Jesus Christus. Es gibt keine christliche Gemeinschaft, die mehr, und keine, die weniger wäre als dieses. Von der kurzen einmaligen Begegnung bis zur langjährigen täglichen Gemeinschaft ist christliche Gemeinschaft nur dieses."[1] Gemeinschaft, die sich durch Jesus Christus konstituiert, hilft mir, so zu sein, wie ich wirklich bin. Wenn ich authentisch lebe, bin ich nicht frei von Schuld. Aber das weiß ich genauso wie die Gemeinschaft. Und gerade das nahe miteinander Wohnen und Arbeiten helfen dabei, wachstümlich Christus ähnlicher zu werden. Gemeinschaft, die sich in Jesus Christus konstituiert, ist nur mit der Weite denkbar, die Jesus uns vorgelebt hat. Natürlich sind nicht alle hier lebenden Menschen stromlinienförmig gleich. Im Gegenteil, alle scheinen hier individualistisch zu sein (mitunter auch eigentümlich). Widersprüchlichkeiten, die bisweilen inakzeptabel scheinen mögen, werden dennoch Tür an Tür gelebt.

Veränderung mit offenem Ausgang

Dazu kommt, dass sich gerade vieles ändert: Die Gemeinschaft der Diakonissen hat vor einigen Monaten beschlossen, dass sie sich auch Schwestern ohne Tracht und Gütergemeinschaft vorstellen können. Damit wurde eine Suchbewegung abgeschlossen, die damit begann, dass

eines Tages einige Frauen ankamen, die ohne Haube und Gütergemeinschaft, aber als „Schwester" leben wollten. Es ist ein großer Schritt für eine geprägte Gemeinschaft, zukünftig auch eine etwas andere Lebensform zuzulassen. Manches hat sich schon geklärt, anderes ist noch im Werden. So kann man nun nicht mehr von einer Diakonissengemeinschaft sprechen, weil damit die Tracht fest in der Vorstellung der Menschen verbunden ist. Für den Augenblick hat die Gemeinschaft den Namen „Puschendorfer Schwesternschaft" gewählt. Aber, der Prozess ist noch nicht abgeschlossen und darum soll dieser Name vorerst auch nur probeweise benutzt werden. Nun ist etwa auch zu lernen, wie ein Zusammenleben gelingen kann, bei dem völlig unterschiedliche persönliche Finanzierungssysteme und Lebenskontexte aufeinander stoßen. Bisher war das Leben auf Taschengeldbasis ja eine wesentliche Gemeinsamkeit der Schwestern. Dafür bekam jede eine maßgeschneiderte Tracht, die alle gleichmachte. Kommt nun ein offener oder verborgener Wettstreit, wer sich besser kleidet? Eine der neuen Fragen.

Eine weitere wesentliche Veränderung betrifft die Mitgliedschaft im tragenden Verein. Das waren bisher nur die Schwestern. Trägerverein und Schwesternschaft waren deckungsgleich. Nun kommen zusätzlich Männer und Frauen dazu, die bisher wie ein Dritter Orden gelebt haben. Nähe und Distanz müssen vollkommen neu austariert werden. Entscheidungen können nicht mehr einfach nur unter den Schwestern abgesprochen werden.

So wandelt sich eine Diakonissenanstalt hin zu einer immer inhomogener werdenden Wohngegend. Unterschiede müssen zugelassen werden, verschiedenste Lebens- und Glaubenskonzepte miteinander in Einklang gebracht werden. Der Ausgang dieser Veränderungen ist offen. Wird es eine gemeinsame Lebensform geben, die unterschiedliche Nähe und Distanz zulassen kann? Wird es gelingen, dass sich nicht Mitglieder erster, zweiter oder dritter Ordnung entwickeln? Das Experiment hat jedenfalls begonnen. Wie es ausgehen wird? Die Frau eines früheren Rektors hatte dafür jedenfalls einen prägenden Spruch: „Der Herr wird's versehen."

Die Diakonie-Gemeinschaft Puschendorf (in der Nähe von Nürnberg) ist aus der Erweckung innerhalb der Evangelisch-Lutherischen Kirche in Bayern hervorgegangen, die als „Gemeinschaftsbewegung" in den beiden letzten Jahrzehnten des 19. Jahrhunderts einsetzte. Nach der Gründung 1926 als „Jägersburger Diakonissen-Mutterhaus" fand die Diakonie-Gemeinschaft ab 1949 in Puschendorf ihre Heimat. Auf Grund ihres Ursprungs und geprägt durch die Lebensform der Diakonissen verstehen sich die Mitglieder der Diakonie-Gemeinschaft Puschendorf als Glaubens-, Lebens- und Dienstgemeinschaft mit den inhaltlichen Schwerpunkten „sammeln – stärken – senden". Die Gemeinschaft unterhält ein Pflegeheim und ein Gästehaus. Es gibt eine große Eventhalle am Ort und einige sozialdiakonische und missionarische Projekte im In- und Ausland. Im Rahmen eines freiwilligen sozialen Jahres („crossing!" genannt) können junge Menschen ein Jahr mitleben und dabei sich selbst sowie die Gemeinschaft kennen lernen.

www.diakonie-puschendorf.org

Anmerkung

1 D. Bonhoeffer, Gemeinsames Leben, München 1939[17], S. 13.

Diakon Friedrich Rößner ist Rektor der Diakoniegemeinschaft Puschendorf.

Eine „Ministry" gegen die Einsamkeit

Besuchsdienst als Schlüssel für Sorgende Gemeinden

Cornelia Coenen-Marx

„Was wärst Du lieber: arm mit vielen Freunden oder reich und allein?"

Das hat kürzlich ein Elfjähriger seinen Stiefvater gefragt. „Keine Frage", sagte der – Freunde sind das Wichtigste; denn Einsamkeit ist schlimmer als Armut. Aber für den Elfjährigen war das durchaus eine Frage. Der Journalist, der die Geschichte mit seinem Stiefsohn im britischen „Observer" erzählt hat, war merklich irritiert. Sein Stiefsohn wollte nämlich lieber reich sein. Freunde, meinte der, wären doch leicht zu finden: Auf Youtube, Facebook und Co. Der Artikel ging der Frage nach, wie die Mediengesellschaft unsere Beziehungen verändert. Einerseits ist es jederzeit möglich, sich mit anderen auszutauschen. Zugleich aber nimmt die Einsamkeit zu. Jeder zehnte Deutsche gibt an, dass er sich einsam fühlt. Das trifft die über 60-Jährigen, aber auch junge Leute zwischen 20 und 30. Einsamkeit wird zur neuen Volkskrankheit.

In Großbritannien wurde Anfang des letzten Jahres ein Ministerium gegen Einsamkeit geschaffen. 75 Prozent der Landbevölkerung sind dort älter als 65 – sie leben in Gegenden, wo Post und Pub geschlossen sind und immer weniger Busse fahren. Herz-Kreislauf-Probleme oder Depressionen verschlimmern sich, wenn Menschen ihre Wohnung kaum noch verlassen. Deshalb gibt es dort inzwischen die Möglichkeit, soziale Angebote auf Rezept zu verschreiben. Ein Konzert, eine Wanderung mit anderen und natürlich auch eine Selbsthilfegruppe. Wissenschaftler haben berechnet, dass auf diese Weise 20 Prozent Gesundheitskosten eingespart werden können. Menschen brauchen Menschen, um zu gesunden.

Und je älter wir werden, desto mehr sind wir auf das Miteinander angewiesen. Heute leben mehr als 40 Prozent der 70- bis 85-Jährigen allein – meist können sie in Alltagsproblemen nicht auf Familie und Freunde zurückgreifen. Denn die familiären Netze dünnen aus: Die Wohnentfernung zwischen Eltern und erwachsenen Kindern nimmt ständig zu. Nur noch ein Viertel der befragten Älteren lebt mit den eigenen Kindern am gleichen Ort. Zwar haben die allermeisten Familien wöchentlich Kontakt zueinander – aber im Vergleich der letzten Jahre erhalten die über 70-Jährigen immer seltener praktische Hilfe von der Familie bei Fahrten, Einkäufen, kleinen häuslichen Diensten und auch bei der Pflege. Ohne die 600.000 privaten Haushaltshilfen aus Osteuropa stünde die ambulante Pflege vor einem noch größeren Desaster.

Vor diesem Hintergrund ist spätestens mit dem Siebten Altenbericht die Idee der „Sorgenden Gemeinschaften" populär geworden. Angesichts der Vermarktlichung des Sozial- und Gesundheitssystems geht es um ein Gegengewicht: Es geht um wechselseitige Unterstützung und die Bereitschaft, Verantwortung zu übernehmen – für sich selbst, für andere und auch für die gesellschaftliche Entwicklung.

Das niederländische Modell der Buurtzorg lässt ahnen, was gemeint ist. Der ambulante Pflegedienst, der 2006 gegründet wurde, setzt nicht nur auf Pflege, sondern organisiert auch Unterstützung in der Nachbarschaft; Buurtzorg heißt Nachbarschaftshilfe. Die professionellen Teams bestehen aus nie mehr als zwölf Menschen und organisieren sich eigenverantwortlich. Ohne ausdifferenzierte Stellenbeschreibungen, ohne feste Rollen. Das Vertrauen in die

Selbstorganisation stärkt die Eigeninitiative aller Beteiligten und die Beziehungen zueinander. Inzwischen arbeiten 14.000 Mitarbeiter bei Buurtzorg. Die beruflich Mitarbeitenden sind dabei so etwas wie Knoten im Netz, die zwischen Betroffenen, Angehörigen und Nachbarn, aber auch zu bürgerschaftlich Engagierten, Initiativen und Ärzten hin vermitteln.

In Deutschland erinnern sich viele mit Wehmut an den Dienst der Gemeindeschwestern. Auch sie waren Generalistinnen – Pflegende, Seelsorgerinnen und Quartiersmanagerinnen in einer Person. Viele Gemeindeschwestern hatten sich über die Frauenhilfen ein Netz von ehrenamtlichen „Bezirksfrauen" aufgebaut, die regelmäßig Ältere und Familien in ihren Straßen besuchten – bei Festen und Feiern, aber auch im Krankheitsfall. Nicht nur in den Kirchengemeinden wünschen sich viele diese Netzwerke zurück. Und nicht wenige machen sich auf, wieder „Sorgende Gemeinde" zu werden. Vieles weist in diese Richtung und schafft gute Rahmenbedingungen: Immerhin werden inzwischen auch Ehrenamtliche aus der Pflegeversicherung bezahlt – für Demenzbegleitung oder häusliche Hilfen. Das Mutterhaus in Witten bildet „neue Gemeindeschwestern" aus: Pflegende mit Zusatzausbildung, die vor allem junge Familien und Ältere besuchen – zum Geburtstag, nach dem Krankenhausaufenthalt, zu präventiven Hausbesuchen oder zur Trauerbegleitung. Und im Weilrod in Hessen fokussiert die Diakonie ihre Quartiersarbeit wesentlich auf Besuche bei Älteren. Die DRIN-Initiative (Dabeisein, Räume entdecken, Initiativ werden) hat dieses Angebot unter das Motto „Damit der Herbst schöne Tage hat" gestellt. Letztlich läuft alles auf die Frage hinaus, ob wir Orte schaffen können, an denen Menschen füreinander da sind, Zeit füreinander haben, füreinander sorgen. „Es kann (aber) nicht als selbstverständlich vorausgesetzt werden, dass die Selbstorganisation von Bürgern und Bürgerinnen, etwa in der organisierten Nachbarschaftshilfe […] ohne Hilfe „von außen" auskommt", heißt es im 7. Altenbericht. Das ist der Hintergrund, vor dem die Diakonissen wieder ins Spiel kommen.

Anders als zur Zeit der Gemeindeschwestern gehören längst nicht mehr alle Älteren zur Kirche. Eine gute Verknüpfung von Kirchengemeinde und Sozialstation ist mit der Zusammenarbeit von Pfarrer und Gemeindeschwestern nicht vergleichbar. Und auch Ehrenamtliche verstehen sich nicht mehr als „Hilfen", sondern sind oft selbst Initiatoren. Heute bewegen sich alle Beteiligten auf Augenhöhe, in Vielfalt und manchmal in Konkurrenz. „Sorgende Gemeinschaften" brauchen deshalb eine gute Abstimmung zwischen Kommune, Wohlfahrtsverbänden, Nachbarschaftsinitiativen und Kirchengemeinden, am runden Tisch und auch im Netz. Eine Website mit einem Überblick über die Angebote eröffnet Zugänge für alle Interessierten. Für Engagierte aus Zivilgesellschaft, Kirche und Diakonie, die andere besuchen wollen, sei es mit präventiven Hausbesuchen, zur Demenzbegleitung, zur Seelsorgende oder innerhalb von Projekten wie „Urlaub aus dem Koffer", ist die Sichtbarkeit der eigenen Arbeit genauso wichtig wie die Unterstützung durch Hauptamtliche und eine finanzielle Entschädigung für entstandene Kosten, z. B. auch Supervision und Fortbildung. Sie brauchen Wertschätzung und Ermächtigung.

„Als Kirchengemeinde sind wir zugleich Teil der Gemeinschaft vor Ort, sind in Vereinen, auf dem Markt, in Geschäften unterwegs, stolpern über dieselben Schwellen, beobachten wunderlich gewordene Nachbarn", sagt Annegret Zander. Ähnlich wie in der Krankenhausseelsorge ist das Angebot von Besuchen nicht zuerst missionarisch oder an Mitgliedschaft gebunden. Im Mittelpunkt stehen die Betroffenen, es geht darum, Gemeinschaft zu stiften und Menschen Lebensmut zu geben. Wo das Evangelium so gelebt wird, kann spürbar werden, dass Kirche einen pastoralen wie einen öffentlichen Auftrag in der Kommune hat. Auch Gemeinden sind eine „Ministry" gegen Einsamkeit.

Cornelia Coenen-Marx
ist Oberkirchenrätin a. D.,
Pastorin und Autorin.
www.seele-und-sorge.de

Nachbarn, Armut und Vision: Kirche diakonisch

Eine Story aus der Wirklichkeit

Christine Biemann-Hubert und Paul-Hermann Zellfelder

Armutsorientierte Diakonie- und Gemeindearbeit: Ein zartes Pflänzlein

Armutsorientierte Diakonie und im Besonderen armutsorientierte Gemeindediakonie sind noch immer „zarte Pflänzlein" in Deutschland. Diakonie und Kirchengemeinde sind vielfach weit voneinander entfernt. Anders in Schwabach, einer Stadt mit ca. 43.000 Einwohnern im Süden der fränkischen Metropolregion Nürnberg.

Was ist die KASA?

Die Kirchliche Allgemeine Soziale Arbeit (KASA) ist eine Kostbarkeit der Bayerischen Landeskirche. Das flächendeckende Netz von KASA-Stellen in Bayern wird zu 100 % kirchlich finanziert, ohne öffentliche Gelder. Zu den Aufgaben der KASA gehören: Allgemeine Beratung/Clearing, Existenzsicherung, Sozialanwaltschaft, Gemeinwesenarbeit, Kurenberatung, Begleitung von AGH-Maßnahmen und Langzeitarbeitslosen, Begleitung der ehrenamtlichen Kontakt- und Helferbörse „gebraucht werden", sozialpolitische Arbeit, sozialpädagogische Begleitung des Sozialkaufhauses, Projekte, Veranstaltungen und Gottesdienste.

Gemeinde und Diakonie – Hand in Hand: Ein Riesenpotential

Die Ev.-Luth. Kirchengemeinde Schwabach – St. Martin ist mit über 9.000 Gemeindemitgliedern eine der größten Kirchengemeinden in der Ev.-Luth. Kirche in Bayern. Sie beschäftigt über 70 Mitarbeiter und 600 Ehrenamtliche in über 170 Handlungsfeldern, Teams, Kreisen, Verantwortlichkeiten, Trägervereinen. Das Spektrum reicht von vier Kitas, großer Kantorei, Eine-Welt-Laden, Sozialkaufhaus, Kinderausstattungstauschzentrale über SeniorenAG und Familienzentrum mit offenem Kinder- und Jugendtreff, Tagungs- und Begegnungszentrum „Das Evangelische Haus" und mehrere Stadtteilzentren bis hin zu einer Pilgerherberge und einem Arbeitskreis Trauerwege. Einen Schwerpunkt bildet die armutsorientierte Gemeindediakonie. Dazu wird aufs Engste und modellhaft mit der **Diakonie Roth-Schwabach** zusammengearbeitet, insbesondere mit der **Kirchlichen Allgemeinen Sozialen Arbeit (KASA)** der Diakonie. →

Säulen armutsorientierter Gemeindediakonie

Die KASA der Diakonie und Kirchengemeinde arbeiten in folgenden Bereichen eng zusammen:

Säule: Gemeindehilfsfond

Die Kirchengemeinde hat einen Gemeindehilfsfond zur Unterstützung Bedürftiger aufgebaut. Die Mitarbeiter der KASA können innerhalb von Minuten auf diesen Hilfsfond zugreifen, wenn es akute Notsituationen gibt. Jede unnötige Bürokratie wird dabei vermieden: Kein Antragsformular, keine Gremien. Hier ist ein großes Plus und sehr wichtig: Vertrauen. Es wird auf Fachkompetenz der Mitarbeiter vertraut, einzuschätzen, wer zu unterstützen ist. Darüber hinaus ermöglicht der Gemeindehilfsfond, dass z.B. Teilnahmebeiträge von Kindern und Jugendlichen für Freizeitmaßnahmen, Konfirmandenfreizeiten etc. ganz oder teilweise übernommen werden, wenn diese aus wirtschaftlich schwierigen Verhältnissen kommen. Auch hier wird auf Nachweise verzichtet und auf Vertrauen gesetzt.

Säule: Sozialkaufhaus Wertvoll

Das Sozialkaufhaus Wertvoll – in Trägerschaft des kleinen Diakonievereins Schwabach-St. Martin e.V. – ist vielmehr als nur ein Ort, wo günstig Kleidung, Möbel, Bücher und mehr erworben werden können. Es ist auch ein Ort sozialen Lernens und der Begegnung. Einmal monatlich gibt es eine Veranstaltung, z.B. zu sozialen Themen, einen Spielenachmittag oder eine Bibelstunde mit Kaffee und Kuchen. Einmal wöchentlich trifft sich ein Strickkreis. Die Strickwaren werden auf dem jährlichen Weihnachtsmarkt und im Laden verkauft. Vom Erlös wird neue Wolle gekauft, der Reinerlös wird gespendet. Regelmäßig arbeiten im Sozialkaufhaus neben Ehrenamtlichen auch Frauen und Männer aus geförderten Maßnahmen des Jobcenters. Auch das Amtsgericht vermittelt immer wieder Sozialstunden-Ableister an uns. Eine Mitarbeiterin der KASA begleitet sozialpädagogisch diese Maßnahmen – eine Voraussetzung, dass das Kaufhaus als Einsatzstelle ein wichtiger Partner für das Jobcenter ist.

Säule: Familienzentrum MatZe

KG St. Martin und Bezirksstelle der Diakonie Roth-Schwabach hatten sich im Rahmen des landeskirchlichen Fördergrogramms „f.i.t." erfolgreich um Fördermittel für das Projekt „Armuts- und gemeinwesenorientierte Familienarbeit mit Kita als Ausgangspunkt und Schnittstelle" beworben. Damit konnte das Familienzentrum „MatZe" der Kirchengemeinde aufgebaut werden. Von Anfang an arbeitete eine Mitarbeiterin der KASA in der Steuerungsgruppe mit. In einer Kooperationsvereinbarung mit der Stadt Schwabach wurde festgelegt, dass die „MatZe" als Stadtteilkoordinierungsstelle fungiert. Die Aktivitäten reichen vom offenen Kinder- und Jugendtreff über Hortgruppe, internationale Kochgruppe, Bildungsangebote zusammen mit dem Evangelischen Bildungswerk, Abenteuerwochen für Kita- und Schulkinder, das Integrationspatenprojekt bis zu „Schwafeln und Tafeln". Im gemeindlichen Stadtteilzentrum gibt es eine wöchentliche Lebensmittelausgabe eines anderen sozialen Trägers. Das Familienzentrum ergänzt dies durch einen Kaffeetisch vor der Lebensmittelausgabe. Kita-Gesamtleitung, pädagogische Leitung, Sprengelpfarrerin und eine Mitarbeiterin der KASA begleiten jeweils abwechselnd „Schwafeln und Tafeln". Im Januar 2019 wurde nun ein wöchentlicher Mittagstisch gestartet mit einem ehrenamtlichen Team.

Säule: „Gemeinsam statt einsam"

Am Anfang stand die Wahrnehmung: Für viele Menschen ist der Heiligabend schlimm. Daraus entstand die Idee für „Gemeinsam statt einsam", einem festlichen Abend mit Buffet und kleinem Programm. Der Leitgedanke: Niemand soll Heiligabend allein verbringen müssen, gleich ob reich oder arm, jung oder alt, Single oder Paar. Kostenfrei. Wer kann, spendet was. Es bildete sich ein kleines vierköpfiges Projektteam: Mitarbeiterin der KASA, Vorstandsvorsitzender des AWO-Kreisverbands Roth-Schwabach, Vorsitzender der Werbe- und Stadtgemeinschaft Schwabach e.V. (zugleich auch Quartiermanager Soziale Stadt)

werden" und Schwafel-und-Tafel-Team. Dabei befinden sich diese Handlungsfelder formal in verschiedenen Trägerschaften. Von diesem Konzept konnte die Glücksspirale überzeugt werden. Seit Januar 2019 finanziert sie nun mit 15 Wochenstunden für drei Jahre diese Koordinationsstelle. Die bisher schon sehr engagierte Mitarbeitern der KASA kann sich nun ausschließlich der Koordination widmen. Kolleginnen erhöhten im selben Stundenumfang ihre Arbeitszeit. Nun können wir also für drei Jahre dieses Modellprojekt „Diakonische Gemeindereferentin" ausprobieren, Erfahrungen sammeln, konkrete Aktivitäten begleiten, weiterentwickeln, vernetzen und Neues wagen. Dazu gehört wie bisher auch das gemeinsame Gestalten von Gottesdiensten und künftig vielleicht auch das Einbringen der Diakonischen Gemeindereferentin in die Konfirmandenarbeit.

Erfolgsfaktoren: Worauf kommt es an?

Klar, in jedem Ort ist die Situation eine andere. Dennoch ergeben sich aus unserer Sicht übertragbare Erfolgsfaktoren:

- Notwendig: Abschied von versäulten Denk- und Handlungsmustern.
- Hilfreich: Die Potentiale von Kirchengemeinden, Bezirksdiakonie und KASA entdecken. Und zwar auch sowohl mit Blick auf Gemeinwesenorientierung wie auch Einzelfallhilfe.
- Hilfreich: Lust an Innovation, Zusammenarbeit, Menschen, Vernetzung auch weit über binnenkirchlicher Zusammenarbeit hinaus.
- Hilfreich: Interesse an Menschen, Fähigkeit auf Menschen zuzugehen.
- Hilfreich: Beides haben: eine Vision und nüchternen Pragmatismus.
- Hilfreich: Beratung und konkrete Hilfe und Begleitung zusammen praktizieren. Unsere Erfahrungen und wie bei uns KASA-Arbeit praktiziert wird, stellen auch eine kritische Anfrage an versäulte, isolierte Beratungskonzepte dar.
- Hilfreich: Keine Angst vor Öffentlichkeit haben.

und Geschäftsführender Pfarrer der KG St. Martin. Das Angebot schlug ein, weil es eben keine „Armenspeisung für die armen Armen" sein sollte. Bei der Premiere 2017 meldeten sich 70 Personen an. 2018 waren es schon über 90. Weihnachten 2019 werden wir nun zum dritten Mal „Gemeinsam statt einsam" feiern.

Säule: Diakonische Gemeindereferentin – ein Modellprojekt

Bisher konnte die KASA nur mit wenigen Stunden an den verschiedenen Projekten mitwirken. Zugleich zeigte sich, dass es bei den primär ehrenamtlich besetzten Projekten hinten und vorne knirschte. Für mehr Zusammenarbeit und neue Projekte hatten die Akteure keine Luft und Energie mehr. Gleichzeitig merkten wir ständig: Es bräuchte dringend mehr Begleitung und personelle Ressourcen. Manche Projekte wie die „Kulturtafel Mini" konnten seit Jahren nicht mehr weiterverfolgt werden. Aus diesen Erfahrungen heraus entwickelten der Pfarrer der Kirchengemeinde, der Leiter der Bezirkstelle der Diakonie und der Vorstand der Diakonie Roth-Schwabach mit einer Mitarbeiterin der KASA die Idee einer Koordinationsstelle zur Begleitung bisher weitgehend isoliert agierender ehrenamtlicher Initiativen: Sozialkaufhaus, Initiative Asylcafé, Kontakt- und Helferbörse „Gebraucht

Literatur

Zellfelder, Paul-Hermann (2002): Solidarische Gemeinde – Ein Praxisbuch für diakonische Gemeindeentwicklung.

Dr. Paul-Hermann Zellfelder: Seit 2006 Geschäftsführender Pfarrer der Evang.-Luth. Kirchengemeinde Schwabach – St. Martin. Seit 2018 Mitglied im Diakonischen Rat des Diakonischen Werks Bayern.

Dipl.Soz.Päd.(FH) Christine Biemann-Hubert: Seit 2011 Mitarbeiterin der KASA des Diakonischen Werks Schwabach e.V. Seit Januar 2019 im Rahmen eines Modellprojektes Diakonische Gemeindereferentin St. Martin der KASA.

Gute Nachbarschaft ist keine Fertigmischung

Soziale Netzwerke – Nachbarschaftskultur – Quartiersentwicklung

Karin Nell

Nachbarschaft ist (wieder) in! In den Medien werden romantische Nachbarschaftsbilder gezeichnet: von harmonischen dörflichen Gemeinschaften, von bunten Stadtteilfesten, von gelingenden Generationenprojekten, von Netzwerken, in denen Menschen gut aufeinander achten und sich gegenseitig unterstützen. Freundliches, solidarisches Miteinander im nachbarschaftlichen Umfeld und im Quartier wird nicht selten zum Heilmittel verklärt, zum Gegenmittel gegen die Zumutungen der modernen Welt. Dabei wissen wir alle: Nachbarschaft steht auch für Streit und Interessenkonflikte, für zu viel Nähe, für Kontrolle und Überforderung.

Oft wird ausgeblendet, dass gute Nachbarschaft keine Ware und auch keine Dienstleistung ist. Man kann sie sich nicht kaufen und man bekommt sie nicht geschenkt. Gute nachbarschaftliche Beziehungen stellen sich nicht einfach so ein. Wer auf sie zurückgreifen will, muss selbst aktiv werden. Und realistisch bleiben. Nachbarschaft bietet viel – kann aber nicht alle Erwartungen erfüllen. Immer geht es um Geben und Nehmen. Beides will gelernt sein. Es geht auch um das richtige Verhältnis von Nähe und Distanz, um Toleranz und die Fähigkeit zur Selbstreflexion.

Grüßen, gemeinsam gestalten, füreinander einstehen

Die Kölner Melanchthon-Akademie und das Ev. Erwachsenenbildungswerk Nordrhein in Düsseldorf haben vor neun Jahren damit begonnen, Bildungsformate zu entwickeln, die Menschen aller Generationen dabei unterstützen, sich vertiefend mit dem komplexen Thema „Wohnen und Leben" auseinanderzusetzen. Wer weiß, wie er in Zukunft leben will, kann sich leichter für eine Wohnform und ein Wohnumfeld entscheiden. Die erste Wohnschule wurde gegründet (2013) und unter ihrem Dach – gemeinsam von Fachleuten und Laien – ein facettenreiches Angebot entwickelt. Zum Programm gehören viele Angebote rund um die Themen Soziale Netzwerke, Nachbarschaftskultur und Quartiersentwicklung. Das Format „Gute Nachbarschaft

ist keine Fertigmischung!" will auf die Bedeutung sozialer Vorsorge aufmerksam machen und zum Erhalt, zur Stärkung bzw. zum Aufbau sozialer Netzwerke ermutigen. Die Teilnehmenden werden über die Entwicklungen informiert, die sich im Zuge des gesellschaftlichen und demografischen Wandels abzeichnen und die erheblichen Einfluss haben werden: nicht nur auf ihre persönliche Lebenssituation, sondern auch auf ihre Familie, ihre Nachbarschaft und ihr nachbarschaftliches Umfeld. Wenn es um den Aufbau sorgender Gemeinschaften geht, für den sich der 7. Altenbericht der Bundesregierung stark macht, ist es wichtig, zwischen Nachbarschaftsarbeit, Nachbarschaftshilfe und Nachbarschaftskultur zu unterscheiden. Grüßen, gemeinsam gestalten und füreinander einstehen sind längst nicht mehr selbstverständlich, bilden aber die „Zutaten" für ein gutes nachbarschaftliches Miteinander.

Die „Software" des Wohnens: Kontakt – Beziehung – Verbundenheit

Im Mittelpunkt der Bildungsprogramme stehen nicht die Fragen, mit denen sich die Wohnungswirtschaft und die klassische Wohnberatung beschäftigen (Wohnraumanpassung, Badsanierung, behindertengerechter Zugang); in der Wohnschule geht es vielmehr um die „Software" des Wohnens: Wie sieht es mit meinem sozialen Netzwerk aus? Was kann ich tun, um möglichst lange und selbstbestimmt in der eigenen Häuslichkeit leben zu können? Habe ich alles, was ich brauche? Brauche ich alles, was ich habe? Mit Blick auf die Lebensqualität aller Generationen, Kulturen und Milieus, ihre Versorgungssituation und ihre soziale und kulturelle Teilhabe, wird deutlich, was Nachbarschaft zu bieten hat. Wenn es um die Qualität sozialer Netze geht, sollte man den Unterschied zwischen Kontakt, Beziehung und Verbundenheit beachten.

Kontakt
Der Mensch ist ein soziales Wesen. Er braucht Kontakte zu anderen Menschen und kann sie in Nachbarschaft und

Wohnumfeld finden: bei Tchibo oder im Wartezimmer, auf dem Spielplatz, beim Straßenfest oder an der Bushaltestelle. Kontakte sind unverbindliches Miteinander. Sie sorgen für Information, Orientierung und Inspiration; sie helfen uns, unseren Alltag zu bewältigen. Wer kann mir einen guten Zahnarzt empfehlen? Wo beantragt man Wohngeld? Welche Angebote gibt es für Menschen mit Demenz? Was läuft wann im Kino? Man darf aber nicht erwarten, dass die Menschen, denen wir beim Einkauf, beim Sport, beim Besuch kultureller Veranstaltungen oder im Treppenhaus begegnen, für uns verlässlich da sind, wenn wir Sorgen haben oder konkrete Hilfe benötigen.

Beziehung

Anders verhält es sich mit unseren Beziehungen. Diese müssen aufgebaut und gepflegt werden. Das geht nicht ohne Investition von Zeit und Engagement. Es gibt keine Garantie für Hilfe und Unterstützung in Krisensituationen; aber die Erfahrung zeigt, dass Beziehungen – wenn sie in einem ausgewogenen Verhältnis von Geben und Nehmen stehen – belastbar und tragfähig sind. Klar ist: Niemand wird die regelmäßige Versorgung oder Pflege seiner Nachbarinnen und Nachbarn übernehmen können. Dafür sind professionelle Kräfte zuständig. Ein gutes nachbarschaftliches Miteinander kann aber dazu beitragen, professionelle Hilfe zu organisieren, kurzfristig Versorgungslücken zu schließen und Engpässe zu überbrücken. So können Menschen aus der Nachbarschaft pflegende Angehörige bei der Suche nach einem Heimplatz unterstützen, zu Untersuchungen begleiten oder im Krankheitsfall für ein warmes Mittagessen sorgen. Wichtig: Wo nachbarschaftliche Netzwerke bestehen, können Aufgaben auf mehrere Schultern verteilt werden.

Verbundenheit

Wie aber sieht es mit der Verbundenheit aus? Offensichtlich handelt es sich hierbei um ein Miteinander besonderer Qualität. Mit wem fühle ich mich wirklich verbunden? Mit dem Ehemann, der Ehefrau, den Kindern, langjährigen Freunden und Freundinnen? Oft sind es Menschen, die

mit mir Werte, Heimat, Religion oder Weltanschauung teilen, mit denen ich gute und schlechte Zeiten durchlebt, die mir in schwierigen Lebenssituationen beigestanden haben, Menschen, auf die ich mich verlassen kann. Verbundenheit kommt aus der Tiefe, so stellen viele fest, hat viel mit Spiritualität zu tun. „Verbundenheit nährt", stellte einmal eine Wohnschülerin fest und erntete dafür in ihrer Lerngruppe große Zustimmung.

Gute Nachbarschaft ist klimafreundlich

Es gibt kein Standardrezept für den Aufbau guter nachbarschaftlicher Beziehungen, aber ein immenses Erfahrungswissen in unserer Gesellschaft. Die Zahl der Menschen, die sich ein verbindlicheres Miteinander wünschen und ganz bewusst etwas mit ihren Nachbarinnen und Nachbarn zu tun haben(!) wollen, steigt. Inzwischen schießen allerorts spannende Nachbarschaftsprojekte und -initiativen aus dem Boden. Nicht alles muss neu erfunden und neu auf den Weg gebracht werden: Vieles ist schon da und wartet darauf, wiederentdeckt oder belebt zu werden. Die Erfahrung zeigt: Gute Nachbarschaft ist umweltfreundlich und nachhaltig. Sie setzt auf die vorhandenen (und erneuerbaren!) Energien der Bewohnerschaft, nutzt lokale Ressourcen und sorgt für ein gutes Gemeinschaftsklima.

Karin Nell ist Diplompädagogin und arbeitet als Pädagogische Studienleiterin beim Evangelischen Erwachsenenbildungswerk Nordrhein (eeb).

Spurensuche

Annäherung an das subjektive Erleben und die Bedeutungszuschreibungen von Kindern im Sozialraum

Sibylle Fischer

Die Orientierung der pädagogischen Arbeit an den Bedingungen des „geografischen, emotionalen und mit Beziehungen gestalteten Raums" (Kobelt Neuhaus/ Refle 2010, 11) ist seit der Novellierung des SGB VIII im Jahr 2008 gesetzlicher verankerter Auftrag von Kindertageseinrichtungen in Deutschland. In diesem Zusammenhang wird in Publikationen häufig die Vernetzung und Kooperation mit weiteren Akteurinnen und Akteuren im Sozialraum fokussiert, um beispielsweise das soziale Kapital von Familien zu stärken (Deutscher Bundestag 2005) oder vorhandene Aktivitäten und Angebote besser aufeinander abzustimmen (Leu 2000; Thiersch/Maier-Aichen, 1995; Thiersch/Thiersch, 2000).

In diesem Beitrag werden die Kinder selbst in den Mittelpunkt gerückt. Mit Blick auf ein Bild vom Kind, das sich in aktiver Auseinandersetzung in sozialen Situationen ein Bild von sich selbst und von der Welt macht (z. B. Schäfer 2005), liegt es nahe zu versuchen, sich den subjektiven kindlichen Weltzugängen anzunähern, um sie besser zu verstehen. Martha Muchow stellte bereits im Jahr 1931 fest: „Man muß, um sich mit dem Kinde verständigen zu können, nicht nur wissen, wie das Kind in der Welt lebt, sondern man muß auch wissen, in welcher Welt es lebt." (Muchow/Muchow 2012, 11.) Um das herauszufinden, können Methoden der Sozialraumorientierung genutzt werden, die es ermöglichen, das individuelle Erleben und die Bedeutungszuschreibungen von Kindern zu erfassen. Einen Zugang zur kindlichen Weltsicht ermöglichen Forschungsmethoden der Sozialraumorientierung, wie zum Beispiel Subjektive Landkarten (Deinet 2009, 75 f.; Krisch 2009, 110 f.).

Sozialraum: Lebenswelten von Kindern

Nach Deinet (2009) lässt sich ein Sozialraum als Doppelstruktur abbilden: Einmal durch seine materiell-objektiven Rahmenbedingungen, die quantitativ und administrativ erfassbar sind, wie beispielsweise der Weg von Zuhause in die Kindertageseinrichtung. Zum anderen durch die subjektive und qualitative Perspektive der Bewohnerinnen und Bewohner, die ihren Sozialraum als Aneignungsraum mit individuellen Bedeutungs- und Handlungszusammenhängen verstehen. Diese individuelle Perspektive, die sich auch durch gelebte Beziehungen auszeichnet, kann mit dem Begriff der Lebenswelt beschrieben werden (ebd., 113 f.).

Ein Verständnis für subjektive Zugänge in den sozialen Raum und für Handlungsweisen im sozialen Raum erhalten wir über die Kinder selbst, indem wir uns ihren sozialräumlichen Bedeutungszuschreibungen annähern. Den Sozialraum aus den Perspektiven von Kindern zu erkunden, ermöglicht einen mehrperspektivischen Einblick in ihre Lebenswelt und eröffnet gleichermaßen Handlungsalternativen, um die pädagogische Praxis an den subjektiven Bedeutungszuschreibungen der Kinder auszurichten. Kinder werden dadurch in besonderer Weise als Experten und Expertinnen ihrer Lebenswelt angesprochen.

Subjektive Landkarte

Subjektive Landkarten sind gezeichnete oder gemalte Bilder, in denen die individuelle Wahrnehmung des Kindes von seinen (sozial-)räumlichen Zugängen sichtbar wird. Diese Bilder können das Wohnumfeld, die Umgebung der Kita, Spielorte und das Erleben der eigenen Lebenslage sichtbar machen (Krisch 2009).

Ziel Subjektiver Landkarten ist es, individuelle Lebensräume und subjektive Bedeutungen, die ein Kind diesen beimisst, zu erkennen. Sie machen die bedeutenden Lebensräume, die Wahrnehmung des räumlichen Umfeldes eines Kindes sichtbar. Entwickelt wurde diese Forschungsform von Imbke Behnken und Jürgen Zinnecker in einem Projekt zur Kindheitsforschung im Jahr 1997. Hiltrud von Spiegel erarbeitete im gleichen Jahr eine vereinfachte Form der subjektiven Landkarten zur Erforschung kindlicher Lebenswelten, die auch Mental Maps oder Spielweltpläne genannt werden (Deinet / Krisch 2009).

Kinder erstellen Subjektive Landkarten

Damit Kinder in Ruhe an ihren Subjektiven Landkarten arbeiten können, sind genügend Platz und gute Licht- und Luftverhältnisse erforderlich. Papier im DIN A 4 oder DIN A 3 Format und unterschiedliche Stifte (Holz-, Filz-, Wachsmalstifte oder Kreide) sind für Kita-Kinder gut geeignete Materialien, um eine Subjektive Landkarte zu erstellen.

Die Moderation vermittelt vor der Umsetzung mit Kindern, welches Interesse sie mit dieser Aktivität verfolgt. Das kann eher offen erfolgen und allgemein alles fokussieren, was für Kinder in ihrer Welt wichtig ist. Es können aber auch gezielt Fragen formuliert werden, beispielsweise zu Lieblingsplätzen von Kindern. Außerdem macht sie darauf aufmerksam, dass es nicht um eine geografische Karte des Sozialraums, sondern um die persönliche eigene Welt geht. Die tatsächlichen geografischen Entfernungen von Orten und Plätzen spielen dabei keine Rolle. Die einzelnen Aspekte sollen vielmehr in ihrem Bedeutungszusammenhang für das einzelne Kind betrachtet werden. Ausgehend von einem für das Kind wichtigen Ort aus seinem Lebensumfeld, der für dieses Kind Bedeutung besitzt, zeichnet oder malt es nach und nach Straßen, Wege, Plätze, Geschäfte oder Objekte ein und unterstreicht deren Bedeutung durch die Anordnung der Bildelemente, die Farbgebung oder durch Größenverhältnisse. In Subjektiven Landkarten von Kindern finden sich auch Bildelemente die in ihrem objektiv messbaren Sozialraum nicht vorkommen. Sie können ebenfalls Hinweise auf bedeutungsvolle Aspekte im Leben eines Kindes geben.

Häufig kommentieren Kinder ihre Zeichnungen oder sprechen über einzelne Aspekte von sich aus (Gernhardt 2014, 20). Die feldforschende Fachkraft unterstützt den Prozess darüber hinaus durch spezifische Fragen, die das Kind veranlassen über Details zu sprechen oder Details mit Erlebnissen zu verbinden, und durch aktives Zuhören. Einzelne Aspekte können mit post it's beschriftet oder Beschreibungen auf einem separaten Blatt Papier festgehalten werden. Auch Audioaufnahmen eignen sich zur Dokumentation. So entsteht eine Kommunikation zwischen Kind und Fachkraft. Die auf den subjektiven Landkarten eingetragenen Orte können je nach Fragestellung auch bewertet werden. Ein Stern markiert zum Beispiel einen besonders bedeutsamem Ort, mit einem Plus- oder Minuszeichen können positive oder negative Bewertung zum Ausdruck gebracht werden. In einem abschließenden kurzen Gespräch schildern die Kinder ihren Gesamteindruck zu ihrer Subjektiven Landkarte.

Jade Lina, 5 Jahre

Literatur

Deinet, Ulrich (2009): Methodenbuch Sozialraum. Wiesbaden: VS Verlag, 75 f.

Deinet, Ulrich/Krisch, Richard (2009): Subjektive Landkarten. In: sozialraum.de (1) Ausgabe 1/2009. URL: <https://www.sozialraum.de/subjektive-landkarten.php>, Datum des Zugriffs: 02.08.2019

Deutscher Bundestag, BFSFJ (2005): „Bericht über die Lebenssituation junger Menschen und die Leistungen der Kinder- und Jugendhilfe in Deutschland", Drucksache15/6014.

Gernhardt, Ariane (2014). Kinder zeichnen ihre Welt: Entwicklung und Kultur. Kiliansroda: Verlag das Netz.

Kobelt Neuhaus, Daniela / Reße, Günter (2008): Inklusive Vernetzung von Kindertageseinrichtung und Sozialraum, Expertise des Weiterbildungsinstitut Frühpädagogische Fachkräfte, München: DJI-Verlag.

Krisch, Richard (2009): Sozialräumliche Methodik der Jugendarbeit. Aktivierende Zugänge und praxisleitende Verfahren. Weinheim und München: Juventa, 110 f.

Muchow, Martha/Muchow, Hans-Heinrich (2012). Der Lebensraum des Großstadtkindes. Herausgegeben von Imbke Behnken und Michael Sebastian Honig. Weinheim und Basel: Beltz Juventa.

Victor, 6 Jahre

Victor befindet sich im Übergang vom Kita-Kind zum Schulkind. Er lässt auf seiner Subjektiven Landkarte einen Meteoriten zwischen das Haus, in dem er mit seiner Familie lebt, und die Kindertageseinrichtung stürzen. Dabei fängt das Dach der Kita Feuer. Ein Igel, der auf der Straße in Richtung Kita unterwegs ist, kommt dabei zu Tode. Victor beobachtet das Geschehen vom Küchenfenster des Wohnhauses aus. Der Weg zur Kita wird bei der Kreuzung mit dem Bach zu Wasser und wird auf dem letzten Stück nicht mehr ausgemalt, er löst sich auf. Auf der anderen Bachseite scheint die Sonne mit freundlichem Gesicht und schaut mit großen Augen rüber zum Wohnhaus.

Die Ergebnisse geben uns Einblick in die Welt des Kindes, um es besser zu verstehen, und dienen als Grundlage, um gemeinsam mit den Kindern Aktivitäten zu erarbeiten, die ihren subjektiven Zugängen gerecht werden. Subjektive Landkarten inspirieren Kinder über das, was für sie im Moment in ihrer Umwelt wichtig ist, nachzudenken. Sie bilden eine Grundlage, um mit Kindern darüber ins Gespräch zu kommen, was sie in ihrer sozialräumlichen Umgebung mögen oder nicht mögen und wie sie ihre Welt mitgestalten können. (Deinet 2009; Krisch 2009.)

Mögliche Fragen:

- Gibt es Belege, dass sozialraumorientiertes Handeln Effekte erzielt?
- Wie baut man Sozialraum- und Lebensweltorientierung im pädagogischen Kontext auf?
- Welche Bedeutung ergibt sich aus den Handlungsprinzipien sozialräumlicher Arbeit für die Ausbildung?
- Welche Methoden der Sozialraum- und Lebensweltanalyse eignen sich für unterschiedliche Zielgruppen (Kinder, Eltern)?
- Welche möglichen Dilemmata gilt es bei der Handlungsplanung zu bedenken?
- Welche Voraussetzungen sind für eine räumlich-reflexive Haltung erforderlich?
- Welche Raumordnungen prägen den Sozialraum?

Sibylle Fischer ist Wissenschaftliche Mitarbeiterin an der Evangelischen Hochschule Freiburg in den Studiengängen Soziale Arbeit und Kindheitspädagogik. Außerdem ist sie Geschäftsführerin von „Chancen-gleich!" am Zentrum für Kinder- und Jugendforschung.

Willkommenspäckchen für Neuzugezogene

Christian Menge

Juni. **Eine Postkarte in meinem Fach:** „Hallo zusammen! Ich habe mich so sehr über mein Willkommenspäckchen von euch gefreut, dass ich mich ganz, ganz herzlich bedanken möchte. Es hat in Strömen geregnet und ich hatte mich noch ganz fremd gefühlt, das hat mir meinen Tag gerettet!"

Was ist geschehen?

Eine neu zugezogene junge Frau hat einen Brief bekommen, einen flachen Karton. Adressaufkleber drauf und ein großer roter Stempel: „Willkommen". Innen drin: Karte mit einer Zeichnung unserer Kirche samt kleiner Person oben an der Balkonbrüstung. Text: „Willkommen auf unserem Kirchturm. Wir laden Sie ein, bei einem Glas Sekt, Saft oder Selters einen Blick auf Solingen und Umgebung zu werfen." Unterschriften, Kontaktdaten und unser Instagram-Account.
  Und noch ein weiteres Kärtchen: zwei Beutel mit Gepa-Tee und eine Packung Mikrowellen-Popcorn. Etwas Holzwolle. Und ganz unten ein Flyer mit allem, was in unserer Gemeinde läuft.

Unsere Situation

Wir sind eine Gemeinde in der Großstadt mit 6500 Mitgliedern, Wohnbezirken und ein Stück Innenstadt. Mit wenig Wir-Gefühl in der Gemeinde, aber neuen Gottesdienstformen, Lebensmittelausgabe, Kirchenasyl, Jugendarbeit. Alles verinselt, man weiß wenig voneinander. Kirchlich ist Solingen ein steiniges Pflaster, die Erweckungsbewegung hat einen Bogen darum gemacht. Die meisten Evangelischen wissen nicht, zu welcher Gemeinde sie gehören.

Die Geschichte

Ich habe jahrelang schon die Neuzugezogenen meines Bezirks angeschrieben, das kirchliche Meldesystem macht es möglich. Ein freundlicher Brief oder eine Postkarte von gott.net. Irgendwann habe ich realisiert, dass zwei Drittel der Zugezogenen im Alter zwischen 20 und 40 sind, also die Generation, die – als Mitglieder – am wenigsten Bezug zu Kirche haben. Ab da habe ich dann neu gedacht: Begrüßungsschreiben, das in der eigenen Situation überrascht, Empfang auf dem Kirchturm, „Blick in die Umgebung" = niedrigschwellig, Kontaktangebot. Ich habe das dem Kommunikationsdesigner Jan-Marco Schmitz vorgetragen, die konkrete Gestaltung des Päckchens war dann seine Idee. Entscheidend war, dass der Gruß noch als Brief durchgehen muss – wer sich seinen Gruß als Paket von der Post abholen muss, findet Kirche nicht mehr so top.

Gedanken im Hintergrund: Wie kommunizieren wir als Kirche im weiten Feld der Indifferenten?

Indifferente sind die große Gruppe jener Menschen zwischen säkular und religiös, kirchengebunden und kirchenfern, die man kaum auf einen Nenner bringen kann. Bei ihnen hat Kirche Chancen, wenn sie überrascht. Da muss sich doch was machen lassen.

Wie zeigen wir als Gemeinde, dass wir da sind, bereit zur Begegnung, ohne jemanden gleich bei uns „haben" zu wollen? Wer sich vom Päckchen überraschen lässt, weil er/sie das von Kirche nicht erwartet hat, hat sie schon mal anders wahrgenommen. Wer kommt, erlebt noch einiges mehr.[1]

Die Erfahrungen

Start war im Januar 2019. 130 Haushalte haben ein Päckchen bekommen. Zu zwei Empfängen kamen 20 Menschen aus 6 Haushalten. Ein Ärzteehepaar, das gleich seine Mitarbeit anbot, eine Patchworkfamilie, bei der sich die Teenies fröhlich über die Snacks hermachten, was den Eltern peinlich war, ein junges Paar, das extra eine Babysitterin für das Neugeborene mitgebracht hatte, um auf den Turm steigen zu können. Eine spontane Taufanfrage, einige Anrufe. Sicher auch weitere Kontaktaufnahmen – wir fragen nicht bei jedem Anruf, ob das mit den Päckchen zusammenhängt. Und viel, viel Zuspruch bei den Insidern. Es scheint, als wären viele erleichtert, dass Gemeinde eine gefühlte Isolation durchbricht. Wir wollen offen sein und sind doch ratlos, wie das geht.

Was es kostet

Einmalig eine Menge Stunden an Planung und Gesprächen. Monatlich eine halbe Stunde für Datenabruf, Aufkleberdrucken. Eine Stunde Päckchenpacken alle 1-2 Monate. 500 € einmalig für das Design. Pro Päckchen ca. 1 € fürs Material und 1,45 € Porto.

Wichtig war zudem die Social-Media-Verknüpfung, Website, Facebook, Instagram – wer neu ist, zückt schnell das Smartphone, dann muss er/sie was finden.

„Es hat in Strömen geregnet und ich hatte mich noch ganz fremd gefühlt, das hat mir meinen Tag gerettet!"

Ja. Dafür machen wir's!

Anmerkung

1   Das ZMiR (zmir.de) hat in den letzten Jahren das Phänomen der Indifferenz gut erforscht und klug beschrieben, siehe z.B. <www.zmir.de/produkt/evangelium-und-indifferenz> und ganz phantastisch: <www.zmir.de/produkt/kleiner-reisefuehrer-durch-das-gebiet-der-indifferenz>.

Christian Menge ist Gemeindepfarrer der Kirchgemeinde Solingen.

MACH!bar

Ein Projekt, um aus Altem Neues zu machen und Nachbarschaft zu stärken

Sandra Bohlken

Die Idee

Engagierte Kinder, Jugendliche und Erwachsene organisieren gemeinsam einen offenen Hobbyraum, in dem man voneinander lernen und miteinander gestalten kann. Gearbeitet wird ausschließlich mit Materialien und Dingen, die andere nicht mehr brauchen, die kaputt sind oder nicht mehr passen/gefallen. Punktuell wird das kreative Treiben ergänzt durch Tausch- oder Verschenke-Ecken. Neben den wöchentlichen Öffnungszeiten werden Projekte im Wohnort umgesetzt, Märkte bereichert und Seminare angeboten. Durch die Lage in einem Ortskern mit vielen Leerständen konnte dieser wieder etwas belebt werden.

Das Davor

Vor gut sieben Jahren kam der Begriff „Upcycling" auf: Dingen eine zweite Chance geben, wenn sie ihren ursprünglichen Zweck nicht mehr erfüllen (können). Damals häuften sich bereits die Meldungen über die Auswirkung des Plastikmülls in den Meeren. Die Folgen unseres Konsumverhaltens auf die endlichen Ressourcen unseres Planeten wurden in der öffentlichen Wahrnehmung immer präsenter. Als Kreisjugenddiakonin führte ich damals dazu einige kreative Projekte mit Konfirmandengruppen und auch generationsübergreifend durch. Das war stets mit viel Material- und Transportaufwand verbunden. Außerdem meldeten die Beteiligten immer zurück: „Das müssten

wir öfter mal machen." Ich dachte mir: „So viel Energie für ein paar gute Stunden. Und jetzt ist es schon wieder vorbei. Irgendwie unbefriedigend!"

Der Wunsch nach einem Raum zum Arbeiten, mit Platz zum Lagern von Materialien und einer guten Ausstattung an Werkzeug und Arbeitsfläche, wuchs. Ich lud Freundinnen und Ehrenamtliche der Evangelischen Jugend Wesermarsch ein, gemeinsam mit mir einen Raum zu organisieren. In unserem Wohnort gab es zahlreiche Leerstände von ehemaligen Geschäftsräumen. Solch einem Raum wollten wir neues Leben einhauchen. Wir hatten Glück, fanden eine von unserem Vorhaben begeisterte Hausbesitzerin und konnten loslegen.

Unsere Idee sprach sich im Ort rum. Viele Erwachsene und Jugendliche halfen beim Renovieren. Die „MACH!barschaftshilfe" war geboren.

Das Werden

„Wir probieren das mal für ein Jahr aus!" In diesem ersten Jahr konnten wir die Miete und Werkzeugbeschaffung durch Projektfördermittel des Landes Niedersachsen decken. Finanziell also abgesichert und total euphorisiert eröffneten wir die MACH!bar. Im ersten Jahr wurden wir buchstäblich überrannt von Kindern. Manche kamen mit ihren Eltern, manche immer wieder mit neuen Freunden. Die Kinder genossen und genießen bis heute am meisten, dass sie „einfach mal machen dürfen". Jugendliche engagierten sich im Team oder waren vor Ort, wenn sie im Rahmen von Projekten eingebunden waren. Erwachsene tauchten am ehesten auf, wenn man sie mit einem Familienprogramm oder mit konkreten Projekten ansprach. Gruppen von Vikaren, Pädagogen und Konfirmanden besuchten die MACH!bar auch außerhalb der Öffnungszeiten. Experimentelle Seminare

zu unterschiedlichsten Themen wurden dafür von mir entwickelt. Freizeitenteams ließen sich in der MACH!bar von kreativen Programmideen inspirieren. Sie konnten vieles schon vor der geplanten Freizeit ausprobieren und häufig auch Kisten voll Material mitnehmen. Hin und wieder führten wir eine Werkzeug- und Materialschulung für Teamerinnen und Teamer durch.

Nach dem ersten Jahr war uns klar: Wir müssen weitermachen! So viele Ideen, so viel Potential, das noch nicht ausgekostet ist. Die MACH!bar hat sich zu einem großen Freiraum entwickelt, der von vielen genutzt wird. Da wir als Evangelische Jugend die Räume nur ein Mal die Woche öffnen, bleibt viel Platz auch für andere. So können wir gut helfen, wenn Raumnot herrscht: Nachhilfe, Sprachkurse, private Feiern (von Teamerinnen und Teamern) sind hier beispielhaft zu nennen. Darüber hinaus findet schon länger eine Schul-AG in unseren Räumen statt.

Die Wirkung

Als die MACH!bar eingerichtet wurde, starteten wir im Ort den Aufruf, uns Möbel zu bringen, die nicht mehr gebraucht werden. Vor allem ältere Menschen, die umzogen, freuten sich, dass ihre Möbel, an denen oft so viele Erinnerungen hingen, weiter genutzt wurden.

Immer mal wieder tauschen wir Möbel aus, verschenken weiter, nutzen um. Die fröhliche Offenheit für Neues wird von vielen im Ort geschätzt. Wir werden als Unterstützende bei kommunalen Projekten angefragt. Als vor drei Jahren eine Gruppe Flüchtlinge im Ort ankam, organisierten wir z.B. eine Fahrradwerkstatt mit. An vier Samstagen wurden gespendete Fahrräder repariert und an Bedürftige verschenkt. Die Radwerkstatt wurde dann zum Anknüpfungspunkt für ein Kooperationsprojekt mit Jobcenter und Kreisvolkshochschule. Langzeitarbeitslose können in einer Maßnahme am Vormittag unsere Werkstatt nutzen. Sie arbeiten für den Eigenbedarf, reparieren Kaputtes oder gestalten Neues. Sie erweitern ihre Kompetenzen im Umgang mit diversen Werkzeugen und Materialien.

Durch unsere Einrichtung bringen wir viele verschiedene Menschen zusammen. Es ergeben sich kleine Unterstützungen, große Hilfsangebote, neue Freundschaften. Manche nutzen unsere Einrichtung punktuell, um sich z.B. von Sachen zu trennen oder um ganz gezielt eine bestimmte Idee zu verwirklichen.

Andere bleiben länger dabei. Jede und jeder so, wie sie/er es gerade braucht.

Entscheidend für unseren Erfolg bis heute ist, dass wir einen Leerstand an zentraler Stelle beleben konnten. Selbst Menschen, die noch nie in der MACH!bar waren, sind uns wohlgesonnen, da es immer wieder etwas Neues zu gucken gibt im Schaufenster, Licht und Farben nach außen dringen, schlicht „das Leben" aus den Hausporen strahlt.

Einmal im Jahr feiern wir eine „MACH!barschaftsparty", zu der werden die Nachbarschaft, Spender und Spenderinnen, Unterstützer und Unterstützerinnen aus Kommunalpolitik und Kirche einladen. In unserer Nachbarschaft liegt eine Musikschule, mit der wir gut vernetzt sind. Gegenseitige Werbung und „Wohnzimmerkonzerte" in unseren Räumen sind da beispielhaft zu nennen.

Als kirchliche Mitarbeiterin schätze ich neben all dem die bunte Mischung im Team. Kirchenferne Erwachsene und Jugendliche arbeiten hier fröhlich unter dem Dach der Evangelischen Jugend mit. Interessante Gespräche bleiben da nicht aus: über das Bild von Kirche, Erwartungen und Enttäuschungen. Für mich ist die MACH!bar ein Ort, an dem christliche Werte gelebt werden und an dem eine hoffnungsvolle und solidarische Gemeinschaft wächst.

Nach sieben Jahren MACH!bar

werden wir als Evangelische Jugend diesen Betrieb Ende 2019 einstellen. Es ist Zeit für nächste Projekte an anderen Orten. Wir freuen uns, dass die Upcycling-Maßnahme im Vormittagsbereich trotzdem weitergehen wird und auch die jugendlichen Ehrenamtlichen im Bereich Nachhaltigkeit und generationsübergreifender Arbeit weiterhin aktiv sein werden.

www.machbar.ejo.de

Sandra Bohlken ist Kreisjugenddiakonin in der Ev.-luth. Kirche in Oldenburg.

Tischnachbarn

Eine interreligiöse „SpeiseReise"

Doris Dollinger

Die Einrichtung:

Das Begegnungszentrum BRÜCKE-KÖPRÜ ist eine Einrichtung der Evangelisch-Lutherischen Kirche in Bayern im Dekanat Nürnberg. Wir sind ein Lernort, der sich seit den Anfängen christlich-muslimischer Bildungsarbeit in Nürnberg 1993 kontinuierlich verändert.

In einer Gesellschaft, die religiös und weltanschaulich immer vielfältiger wird, fragen wir als Team von muslimischen und christlichen Mitarbeitenden immer wieder neu: Wo liegen die Herausforderungen interreligiösen Zusammenlebens heute? Wir fragen nach dem Beitrag, den Religionen zum Gelingen des Zusammenlebens im Rahmen unserer säkularen Gesellschaftsordnung leisten können. In unseren Räumen in Nürnberg-Gostenhof und in Kooperation mit verschiedenen Partnern gestalten wir ein vielfältiges Angebot, von interreligiöser Kinder- und Elternarbeit über Treffen für Männer und Frauen bis hin zur Arbeit mit Schulklassen und Studierenden. Unsere Arbeit geschieht in der Vernetzung mit Kirchen und Moscheegemeinden, mit Einrichtungen und Vereinen vor Ort. Bei Vorträgen, Seminaren und Exkursionen geben wir unsere Erfahrungen weiter.

„Wenn wir einander begegnen, wissen wir, wer wir sind"

In der BRÜCKE wird durch die „SpeiseReise" Nachbarschaft erlebbar und schmeckbar

Gemeinsam kochen und essen – das ist eine Erfahrung, die nährt. Es geht aber um viel mehr als Nahrungszubereitung. Essen verbindet, auch über kulturelle und religiöse Grenzen hinweg. Der Begegnungsaspekt, der für mich in der BRÜCKE zentral ist, kann hier besonders gut umgesetzt werden, gerade um nachbarschaftliche Beziehungen zu vertiefen. Das wird mir immer wieder deutlich, wenn ich andere interkulturelle Kochformate besuche, die es mittlerweile von vielen Anbietern gibt. Was zeichnet die „SpeiseReise" aus?

Ziel ist die **Begegnung auf Augenhöhe**. Die Referenten bringen sich und ihre Biographie mit ein: „Wie wird/ wurde in *meiner Familie* dieses religiöse Fest gefeiert und welche Gerichte gehören in *meiner Familientradition* dazu?" Das stellt die Köchinnen und Köche besonders in den Mittelpunkt. Als Beispiel möchte ich eine SpeiseReise über die Religion der Mandäer nennen, eine verfolgte religiöse Minderheit aus dem Irak: Zur Vorbereitung der SpeiseReise gehörte es, gemeinsam mit der Köchin den mandäischen Gewürzhändler in der Nürnberger Südstadt aufzusuchen und riechen zu dürfen, wie er seine Spezialmischung für unsere gefüllten Enten im Mörser zum Duften brachte. Das besondere an der SpeiseReise ist, dass Nachbarn sich wertvoll einbringen können, auch wenn die Deutschkenntnisse noch gering sind. Der Umgang mit Sprachbarrieren wird erleichtert, da die Exper-

ten den anderen durch Gesten gut zeigen können, wie groß das Gemüse geschnitten werden soll oder wie Teigtaschen geformt werden. Darum ist es gut, wenn es Gerichte gibt, bei denen viele Menschen gemeinsam um eine Schüssel stehen und zusammen helfen.

Die SpeiseReise ist eine gute Methode, Nachbarschaft zu vertiefen

Das geschah z.B., als der albanische Imam mit seiner Familie teilnahm und wir die unterschiedlichen Perspektiven der Generationen wahrnehmen durften. Sein Sohn, der inzwischen studiert und als Zehnjähriger nach Deutschland kam, wuchs in beiden Ländern auf und ist in beiden Sprachen beheimatet. Er hat uns Teilnehmern durch seine erweiterte Identität gezeigt, wie wichtig die Wertschätzung der Herkunft ist, um sich genau damit einbringen zu können. Nachbarn lernen sich kennen, sie laden sich ein und präsentieren mit Stolz ihre Kultur, besonders Geflüchtete, die vieles zurücklassen mussten.

Rezepte aus allen Ländern und Kulturen im Internet zu finden, ist mittlerweile leicht. Entscheidend ist für mich jedoch, dass Vertreter der Religionen und Kulturen ihr „Eigenes" zeigen können. Das muss nicht perfekt sein und oft sind den Experten die Hintergründe ihrer Traditionen und Speiseregeln nicht bewusst. So findet oft bei den einladenden Köchinnen und Köchen ein Nachforschen im Eigenen statt. Die Vorbereitungstreffen brauchen Zeit, sich gemeinsam auf die Suche nach theologischen Hintergründen zu begeben.

Eine Antwort auf die immer größere Vielfalt in unserer Nachbarschaft.

Niedrigschwellig wird über das Kochen Beziehung aufgebaut, Vertrauen entsteht, das sich mitunter in der nächsten Veranstaltung weiter entwickelt. Denn „Miteinander Handeln" schafft Nähe zum „Sich Begegnen".

Wir wünschen Ihnen gute Begegnungen in Ihrer Gemeinde und unterstützen sie gerne bei weiterführenden Fragen: www.bruecke-nuernberg.de

Das Konzept:

„SpeiseReise" – Religiöse Feste und Bräuche gemeinsam kennenlernen und sich gegenseitig vorstellen

Gemeinsames Essen und Feiern verbindet Menschen über die Grenzen von Religion, Kultur und Nation hinweg. Menschen aller Religionen und Weltanschauungen sind eingeladen, Feste und kulinarische Traditionen der anderen zu erleben. Das gemeinsame Kochen gibt den Teilnehmenden die Gelegenheit, ins Gespräch über Gott und die Welt zu kommen. Das fördert die Neugier und Achtung für die jeweils andere Kultur und Religion.
Ausgehend von den traditionellen religiösen Festen im Christentum, Judentum und im Islam erweiterte sich das Konzept auch auf andere Religionen z.B. Jesiden, Aleviten oder Mandäer.

Der Ablauf:

Nach einer großzügigen Ankommens- und Vorstellungsrunde der Teilnehmer und Teilnehmerinnen bei orientalischem Tee folgt eine inhaltliche Einführung zum Festthema. Wichtig ist hierbei der biographische Bezug der Referenten, die von ihren eigenen Erfahrungen in Bezug auf Religion, Kultur und Familientradition berichten. Danach wird das Festmenü mit den einzelnen Speisen vorgestellt und die durchschnittlich 25 Teilnehmer teilen sich in ca. vier Kochgruppen auf. Gut zwei Stunden sind dann alle mit Schneiden, Brutzeln, Backen und Aufräumen beschäftigt, bis miteinander gegessen und gefeiert werden kann. Insgesamt ist man so für etwa fünf Stunden in Gespräche vertieft.

Doris Dollinger ist evangelische Dipl. Religionspädagogin (FH) und seit 2011 Mitarbeiterin in der BRÜCKE-KÖPRÜ – Begegnung von Christen und Muslimen in Nürnberg-Gostenhof.

„Kräfte zusammenwirken lassen ...“

Diakonie Kulmbach und Petri-Kirchengemeinde erhalten f.i.t.2-Siegel für das Projekt „Auf Rädern zum Essen“ – Gemeinsamer Mittagstisch für ältere Menschen

Pia Schmidt

Wie können die „Nachbarn“ Kirche und Diakonie so zusammenwirken, dass dies für die Menschen in der Nachbarschaft erlebbar wird? Ein Beispiel macht Erfolgsfaktoren deutlich, mit denen Kirche und Diakonie strukturell und inhaltlich im Sozialraum gemeinsam sinnvoll agieren können. Nicht „Essen auf Rädern“, wo Einzelnen ihr Essen gebracht wird, sondern „Auf Rädern zum Essen“, wo Einzelne zusammenkommen, um gemeinsam zu essen.

„Ein schön gedeckter Tisch, andere Menschen treffen und die vielen ehrenamtlichen Helfer, das ist ein Paradebeispiel für die wechselseitige Unterstützung von Kirche und Diakonie“, freute sich Michael Bammessel, Präsident der Diakonie Bayern. „Alleine schmeckt es einfach nur halb so gut“, so Bammessel.

Als eines von mehreren Projekten in Bayern wurde die Evang.-Luth. Kirchengemeinde Kulmbach-Petrikirche zusammen mit der Diakonie Kulmbach 2019 mit dem f.i.t.2-Siegel für das Projekt „Auf Rädern zum Essen“ ausgezeichnet. Diese Aktion ist eines von landesweit 60 Projekten der Initiative f.i.t (fördern – initiativ werden – teilhaben), die die Landeskirche und die Diakonie Bayern gemeinsam finanziert. Ein kleines, aber feines Projekt befand man in der Evangelischen Landeskirche und beim Diakonischen Werk und zeichnete die Initiative „Auf Rädern zum Essen“ aus.

Diakonie Kulmbach

Und ein Preisgeld von 5.000 EUR gab es noch obendrauf. „Mit diesem Geld wollen wir das Angebot in Kulmbach in anderen Kirchengemeinden ausweiten", so Dekan Thomas Kretschmar für die Kirchengemeinde. „Schon allein weil die Gemeinden immer kleiner werden, wird auch die Zusammenarbeit zwischen Diakonie und Kirche immer wichtiger", so der Kulmbacher Dekan.

Der Mittagstisch „Auf Rädern zum Essen", der einmal im Monat im Evangelischen Johann-Eck-Gemeindehaus in der Goethestraße in Kulmbach stattfindet, ist ein Angebot für ältere Menschen. Die Idee dabei ist es, ältere, oft alleinlebende Menschen in die Gemeinschaft einzubinden und Abwechslung in ihren Alltag zu bringen: mit einem unterhaltsamen Rahmenprogramm, einem kostengünstigen Mittagsmenü in Gesellschaft mit anderen Seniorinnen und Senioren sowie bei Bedarf einem Fahrdienst. „Das ist ein gutes Beispiel für eine diakonisch-aktive Kirchengemeinde. Wir möchten mit der Auszeichnung zeigen, wie Diakonie und Kirche ihre Kräfte zusammenwirken lassen", so Oberkirchenrat Detlev Bierbaum.

Als Zielgruppe bezeichnet Organisatorin Pia Schmidt von der Kirchlichen Allgemeinen Sozialarbeit (KASA) der Diakonie Kulmbach zum einen ältere Menschen generell, aber auch ältere Menschen mit bestimmten Einschränkungen, einsame Menschen sowie Seniorinnen und Senioren mit Migrationshintergrund. Die meisten Besucher von „Auf Rädern zum Essen" sind zwischen 75 und 85 Jahre alt und kommen aus Kulmbach. Seit Beginn des Projektes 2016 besuchten rund 400 Menschen den Mittagstisch für ältere Mitbürger/innen. „Auf Rädern zum Essen" findet regelmäßig jeweils am ersten Dienstag im Monat statt. Gestartet wird um 10.30 Uhr mit einem kurzen, unterhaltsamen Vorprogramm. Für das Mittagessen in Form eines Dreigänge-Menüs werden inklusive der Getränke 7,50 EUR fällig. Es wird von der Menüfaktur, einer Tochtergesellschaft der Diakonie Kulmbach, zubereitet. Ein Fahrdienst zum Mittagstisch kann vom Familienentlastenden Dienst (FeD) der Diakonie gegen einen geringen Unkostenbeitrag übernommen werden. Die Ausgabe des Menüs erfolgt durch ehrenamtliche Mitarbeitende.

Kooperationspartner bei diesem Erfolgsprojekt sind neben dem Diakonischen Werk der Dekanate Kulmbach und Thurnau e.V. und der Kirchlichen Allgemeinen Sozialarbeit (KASA) der Familienentlastende Dienst (FeD), der den Fahrdienst für die älteren Menschen übernimmt, die Menüfaktur in Kulmbach, als ein Partner im Diakonie Verbund, die für das Catering zuständig ist, sowie die evangelische Kirchengemeinde St. Petri, die die Räumlichkeiten zur Verfügung stellt.

Pia Schmidt arbeitet als Fachbereichsleitung in der KASA (Kirchliche Allgemeine Sozialarbeit) im Diakonischen Werk der Dekanate Kulmbach und Thurnau.

„Wir bitten um Frieden"

Aktion Sühnezeichen Friedensdienste

Dagmar Pruin

Vor 61 Jahren wurde die Aktion Sühnezeichen gegründet – am Rand der Synode der EKD. Lothar Kreyssig verlas außerhalb der Tagesordnung den Gründungsaufruf der Organisation, die sich unter den unbequemen Namen eines Sühnezeichens stellte. So wurde, von der synodalen Mehrheit unterstützt, ein Begegnungs- und Friedensprojekt initiiert, das für die deutsche Nachkriegsgeschichte und die Beziehungsgeschichte unserer näheren und ferneren Nachbarn von großer Bedeutung war und ist – eine Geschichte, die sich mit jeder Freiwilligengeneration neu- und weiterschreibt. In diesem Gründungsaufruf heißt es:

„Wir bitten um Frieden: Wir Deutsche haben den Zweiten Weltkrieg begonnen und schon damit mehr als andere unmessbares Leiden der Menschheit verschuldet; Deutsche haben in frevlerischem Aufstand gegen Gott Millionen von Juden umgebracht. Wer von uns Überlebenden das nicht gewollt hat, der hat nicht genug getan, es zu verhindern [...]. Dies zum Zeichen bitten wir die Völker, die Gewalt von uns erlitten haben, dass sie uns erlauben, mit unseren Händen und mit unseren Mitteln in ihrem Land etwas Gutes zu tun, ein Dorf, eine Siedlung, eine Kirche, ein Krankenhaus oder was sie sonst Gemeinnütziges wollen. [...] Lasst uns mit Polen, Russland und Israel beginnen, denen wir wohl am meisten wehgetan haben."

Mehr als 12.000 Freiwillige sind seitdem in langfristigen Freiwilligendiensten oder Sommerlagern in Ost und West unterwegs gewesen. Heute arbeiten unsere Langzeitfreiwilligen in 13 Ländern, sie arbeiten mit Überlebenden, aber auch in der politischen Bildung, in Gedenkstätten und mit Menschen mit Behinderungen, mit sozial Benachteiligten und geflüchteten Menschen. ASF ist darüber hinaus Trägerin verschiedener Bildungsprogramme, der Bundesarbeitsgemeinschaft Kirche und Rechtsextremismus (BAGK+R), des Arbeitsbereichs „Geschichte(n) in der Migrationsgesellschaft (AMiGra)" und des deutsch-amerikanisch-jüdischen Begegnungsprogramms „Germany Close Up".

Es ist eine bewusst demütige Haltung, die sich im Gründungsaufruf widerspiegelt und die die ASF geprägt hat. Es war und ist ein Strukturprinzip von ASF, dass das Hören auf die Bedürfnisse der Projektpartnerinnen und -partner eine grundlegende Rolle spielt und dass die Entscheidung, in welchem Land ASF arbeitet, diesem dialogischen Prinzip verpflichtet ist. Daher begann die Arbeit 1959 nicht in Polen oder Israel, sondern in den Niederlanden und in Norwegen, denn hier gab es Menschen, die die ASF-Freiwilligen zur Arbeit in ihrem Land einluden – dreizehn Jahre nach Kriegsende alles andere als eine Selbstverständlichkeit. Auch heute erleben unsere Freiwilligen und Sommerlagerteilnehmenden in verschiedenen Situationen, wie offen die Wunden der Vergangenheit sein können. Dieser Demut gaben jedoch die Gründungsväter und -mütter! noch einen anderen wichtigen Gedanken an die Seite – noch einmal Lothar Kreyssig:

„Dass unbewältigte Gegenwart an unbewältigter Vergangenheit krankt, dass am Ende Friede nicht ohne Versöhnung werden kann, das ist weder rechtlich noch programmatisch darzustellen. Aber man kann es einfach tun."

Diese pragmatische Haltung, die sich nicht im dem erschöpft, was möglich ist, sondern aufzeigt, was möglich sein *kann*, ist prägend für ASF, theologisch gesprochen werden Versöhnung und Heilung auf das Engste zusammengebunden. In der Begegnung mit Überlebenden und ihren Nachkommen, in der lebendigen Begegnung mit anderen Menschen, durch dieses Tun werden Menschen verändert und zeigen eine Zukunft auf, die ohne eben dieses Tun nicht erfahrbar und damit auch nicht denkbar ist.

www.asf-ev.de

Dagmar Pruin ist Geschäftsführerin von Aktion Sühnezeichen Friedensdienste in Berlin.

www.praxis-gemeindepaedagogik.de

Jahresinhaltsverzeichnis
72. Jahrgang 2019

PRAXIS GEMEINDEPÄDAGOGIK

ZEITSCHRIFT FÜR EVANGELISCHE BILDUNGSARBEIT

PGP 1/2019: THEMA »GEMEINDEPÄDAGOGIK«

BUBMANN, PETER: Gemeindepädagogik hat Zukunft . . . . H. 1, S. 9
CHARBONNIER, LARS: Gemeindepädagogik. . . . . H. 1, S. 3
Gemeindepädagogik in der Zukunft – Die Sicht von Studierenden . . . . H. 1, S. 6
HAHN, MATTHIAS: Resonanz spüren und geben – Auf dem Weg zu einer resonanzsensiblen Gemeindepädagogik . . . . H. 1, S. 12
SPENN, MATTHIAS: Spannende Zeiten für die Gemeindepädagogik . . . . H. 1, S. 4

PGP 2/2019: THEMA »DIGITAL«

CHARBONNIER, LARS: Digital. . . . . H. 2, S. 3
CHARBONNIER, RALPH: Am Anfang schuf Gott ... auch die 0 und die 1. . . . . H. 2, S. 4
FAIX, TOBIAS: #digitaleKirche: Glaube teilen – Kirche sein . . . . H. 2, S. 10
PELZER, JÜRGEN: Vom Expertenkult zur Schwarmintelligenz – Digitale Transformation in der Bildung . . . . H. 2, S. 8
RUMPFF, ARLETT: Multimediale Kirche . . . . H. 2, S. 12
SPANHEL, DIETER: Medienschutz und Medienpädagogik in einer mediatisierten Lebenswelt – Für ein abgestimmtes Zusammenwirken . . . H. 2, S. 13
THIEL, TOBIAS: Alter Wein in neuen Schläuchen – oder: Gibt es eine digitale Gemeindepädagogik? . . . . H. 2, S. 6
VERSEMANN, TIMO: From #hateSpeech to #hopeSpeech – Mit freien Bildungsmaterialien für Hoffnung im Netz . . . H. 2, S. 16

PGP 3/2019: THEMA »ESSEN«

CHARBONNIER, LARS: Essen . . . . H. 3, S. 3
GLAS, USCHI: Essen? . . . . H. 3, S. 4
HEILMANN, JAN: Frühchristliche Gemeinschaftsmähler . . . . H. 3, S. 10
LEISTNER, JONATHAN: Essen: Ein Thema in der Gemeindepädagogik – Zugänge für die gemeindepädagogische Arbeit und ein praktischer Entwurf
    für die Arbeit mit Konfirmanden oder Jugendlichen . . . . H. 3, S. 6
MÜLLER, CHRISTINE: Kirchgemeinden als Lernorte für den verantwortlichen Umgang mit Lebensmitteln – Grundsätzliche Gedanken
    und praktische Tipps für die Gemeindearbeit . . . . H. 3, S. 8
TREU, JEREMIAS: Gemeinsames Essen – ein gelungenes Experiment . . . . H. 3, S. 14

PGP 4/2019: THEMA »NACHBARN«

CHARBONNIER, LARS: Nachbarn . . . . H. 4, S. 3
ENGER, PHILIPP: Nachbarschaft in biblischer Zeit . . . . H. 4, S. 7
HAHN, UWE: Nachbarschaft ohne Gartenzaun – Eine lebendige Gemeindepartnerschaft zwischen Deutschland und Tansania . . H. 4, S. 11
LILIE, ULRICH: Seht, wie sie einander lieben!« . . . . H. 4, S. 4
MENZKE, SUSANNE: Mitten im Leben – Die Kita als Akteur aktiver Nachbarschaft. H. 4, S. 12
RÖSSNER, FRIEDRICH: Mehrdimensionale Nachbarschaft – Leben zwischen Diakonissenanstalt und Campus . . . H. 4, S. 14
URSEL, CHRISTINE: Wer ist mein Nachbar? Was bedeutet Nachbar? . . . . H. 4, S. 6

PRAXIS IM KIRCHENJAHR

BAUR-SCHÄFER, MARTINA/VERWOLD, ULRIKE: Gutes für Leib und Seele – Evangelischer Kirchenpavillon in Bonn . . . H. 3, S. 19
BIEMANN-HUBERT, CHRISTINE/ZELLFELDER, PAUL-HERMANN: Nachbarn, Armut und Vision: Kirche diakonisch – Eine Story aus der Wirklichkeit. . . H. 4, S. 19
BILS, SANDRA: Zwischen Innovation und Tradition – Der harte Job im Weinberg . . . . H. 3, S. 34
BODE, KATRIN: Torte im Park – Kirche begegnen an anderen Orten . . . . H. 1, S. 22
BOHLKEN, SANDRA: MACH!bar – Ein Projekt, um aus Altem Neues zu machen . . . . H. 4, S. 28
COENEN-MARX, CORNELIA: Eine „Ministry" gegen die Einsamkeit – Besuchsdienst als Schlüssel für Sorgende Gemeinden . . H. 4, S. 16
DIERKS, BIRGIT: Fresh X-digital – Neue Ausdrucksformen für dezentrales Zusammenarbeiten . . . . H. 2, S. 22
DOLLINGER, DORIS: Tischnachbarn – Eine interreligiöse „SpeiseReise" . . . . H. 3, S. 30
ERHARDT, MARTIN: Wir sind Nachbarn. Alle – Das Projekt „Sorgende Gemeinde werden" . . . . H. 4, S. 40
ERLER, MANJA: Zusammenarbeit auf dem Marktplatz – Chancen von Kooperationen bei Events . . . . H. 1, S. 20
FISCHER, SIBYLLE: Spurensuche – Annäherung an das subjektive Erleben und die Bedeutungszuschreibungen von Kindern im Sozialraum . . H. 4, S. 24
Geschirrdiversität. . . . . H. 3, S. 25
HAHN, UWE: „Die Wiese kommt in den Topf" – Draußen kochen . . . . H. 3, S. 24
HAPPEL, JOACHIM: Digitale Gemeinde – Der Beitrag von rpi-virtuell . . . . H. 2, S. 19
HOHBERG, GREGOR/STOLTE, ROLAND: Das House of One – Geschwister, die beieinander wohnen . . . . H. 4, S. 38
KELLER, SEBASTIAN: Digitalisierung als Chance für einen neuen Blick auf Öffentlichkeitsarbeit und Außenwirkung . . . H. 2, S. 36
KLEINERT, MARCUS: Smartphone statt Arbeitsblatt – Die App „Actionbound" als gelungene Möglichkeit, mit digitalen Medien die analoge Welt zu erkunden . H. 2, S. 20
KLINKENBORG, KUNO: Genussvoll glauben – Biblisches Whisky-Tasting und biblisches Kaffee-Cupping . . . . . . H. 3, S. 44
KREMER, RAIMAR: Essen und Trinken am Tisch des Herrn – Abendmahl mit Menschen mit und ohne Behinderungen . . H. 3, S. 38
MENGE, CHRISTIAN: Willkommenspäckchen für Neuzugezogene . . . . H. 4, S. 26
METZNER, CHRISTIANE: Ehrenamtsförderung planen und koordinieren – Neue Herausforderungen in der Zusammenarbeit mit Ehrenamtlichen
    im gemeindepädagogischen Arbeitsalltag . . . . H. 1, S. 28
MINKNER, KAROLIN: Nachbarn auf Zeit – Ökumenische Jugenddienste in Deutschland . . . . H. 4, S. 36
MÜLLER, KARSTEN: Gute Kanäle für Gute Nachricht? – Eine Ermutigung zu Experimentierfreude mit „Neuen Medien" im Sinne
    einer lebensweltorientierten kirchlichen Jugendarbeit . . . . H. 1, S. 30
MÜLLER, PETRA: TischGebet ist TischKultur – Segen und Dank . . . . H. 3, S. 22
NELL, KARIN: Gute Nachbarschaft ist keine Fertigmischung – Soziale Netzwerke – Nachbarschaftskultur – Quartiersentwicklung . . H. 4, S. 22
NEUMEIER, LUTZ: Chatstories – Biblische Geschichten erzählen . . . . H. 2, S. 26
NIERMANN, DIETER: Gärungsprozesse – Seminare für Männer rund um männliche Lebenswege und ... Bier . . . . H. 3, S. 28
PALKOWITSCH-KÜHL, JENS: Das digitale Potential von Virtual und Augmented Reality für die Konfirmandenarbeit entdecken . . H. 2, S. 28
PATZIG, CHRISTINA: „Mach's mal anders" – Kinderbibeltage zur Fastenzeit . . . . H. 3, S. 42
PRUIN, DAGMAR: „Wir bitten um Frieden" – Aktion Sühnezeichen Friedensdienste . . . . H. 4, S. 34
PYKA, HOLGER: Experimentierfelder Essen und Beten . . . . H. 3, S. 36
REUTHER, BERND: Essen und viel mehr – Die Vesperkirche . . . . H. 3, S. 26
ROGAZEWSKI, ANDREA: „Wir gehören zusammen – wir sind eins!" . . . . H. 1, S. 17
SCHIERBECKER, CHANTAL: Aktion 7×7 – Ein leckerer Mittagstisch von Älteren für Ältere . . . . H. 3, S. 16
SCHLAMM, ANDREAS: Nachbarn, die wir nicht sehen . . . . H. 4, S. 35
SCHMIDT, PIA: „Kräfte zusammenwirken lassen ..." – Diakonie Kulmbach und Petri-Kirchengemeinde erhalten f.i.t.2-Siegel
    für das Projekt „Auf Rädern zum Essen" – Gemeinsamer Mittagstisch für ältere Menschen . . . . H. 4, S. 32
SCHREITER, ANNIKA: „Gott ist wie eine Suchmaschine ..." – Der Twitter-Psalm #Twalm als neuer Zugang zu alten Texten . . H. 2, S. 30
SEEKAMP, HELGE: evangelippisch.de . . . . H. 2, S. 24
STEINSBERGER-HENKEL, ULRIKE/ZORBACH, DIETER: Anteil haben an der digitalen Gesellschaft – Senioren im ländlichen Raum
    im digitalen Umfeld unterstützen . . . . H. 2, S. 32
STÜCKRAD, JULIANE: Verantwortung – Tradition – Entfremdung – Ethnografische Erkundungen im Gebiet des Regionalkirchenamtes Leipzig . H. 1, S. 26
TANSCHUS, NELE MARIE: Generationen zusammenbringen . . . . H. 1, S. 24
URSEL, CHRISTINE: Facetten der Gemeindepädagogik – Die Kunst am Anfang – die Kunst des Anfangens . . . . H. 1, S. 16
URSEL, CHRISTINE: Kirchehoch2 . . . . H. 1, S. 34
URSEL, CHRISTINE: Sprechende Grabsteine – Was QR-Codes auf dem Friedhof zu suchen haben ... . H. 2, S. 31
URSEL, CHRISTINE: Zwei digitale Anwendungen: XRCS.de und fortbildungsNAVI.de . . . . H. 2, S. 38
WEIGEL, SABINE: Kirche to go – Augenblicke zum Mitnehmen – Ein Gemeindeprojekt an der Johanneskirche Halle (Saale) . . H. 1, S. 32
WILLUWEIT, STEFFI: „Mittag ohne Grenzen" – Ein generationsübergreifender Mittagstisch mit Wirkung ins Quartier . . H. 3, S. 31
ZANDER, ANNEGRET: „Unser Dorf: Wir bleiben hier!" – Ein Online-Kurs macht vor Ort mobil . . . . H. 2, S. 34

HINTERGRÜNDE

AECHTNER-LÖRZER, CHRISTINE: Das Miteinander der Berufsgruppen . . . . H. 1, S. 47
ARK NITSCHE, STEFAN: „Nachbarn in den Berufen" – Wie die ELKB das gelingende Miteinander der Berufsgruppen in der Kirche fördert . . H. 4, S. 48
BAMMEL, CHRISTINA-MARIA: Wie wir im Namen Jesu zum Abendmahl einladen – Einsichten und Überlegungen der EKBO mitten im Prozess . . H. 3, S. 46

Bick, Amet: Seht her, so sind wir! – Warum es gut ist, wenn jede Gemeinde eine Homepage hat und wie man es auch mit begrenzten Ressourcen schaffen kann . . . H. 2, S. 50
Fürstenberg, Carsten: Nachbarn vor Ort – Wozu Sozialraumorientierung in Kirche und Diakonie? . . . H. 4, S. 43
Gahlmann, Sandra/Barthels, Friederike: Orthorektisches Ernährungsverhalten – Eine weitere Variante der Essstörung? . . . H. 3, S. 48
Herrmann, Michael: Abbruch oder Umbruch – Personalentwicklungskonzepte als ermutigende Perspektive hauptberuflicher gemeindepädagogischer Arbeit . . . H. 1, S. 44
Hochmuth, Martin: Kostenlose Software für die Öffentlichkeitsarbeit . . . H. 2, S. 45
Jacob, Michael: Kirchlicher Datenschutz und Soziale Medien – Hinweise des Beauftragten für den Datenschutz der EKD zum Umgang mit Sozialen Medien und Messenger-Diensten . . . H. 2, S. 48
Kurtenbach, Sebastian: Folgen nachbarschaftliche Entwicklungen für gemeinwesenorientierte Arbeit . . . H. 4, S. 46
Machel, Jörg: Wenn zwei sich streiten, schlichtet der Dritte – Mediation kann verbissene Streithähne dazu bringen, sich wieder zuzuhören . . . H. 4, S. 50
Neukirch, Bernd: Stille Revolution in die Selbstführung – Impulse rund um flache Hierarchien für sinnstiftende Arbeitswelten . . . H. 1, S. 48
Palkowitsch-Kühl, Jens: Social Media als (An-)Teil der Lebenswelt und Herausforderung für die Kirche . . . H. 2, S. 42
Petzoldt, Tobias: Ins Netz gehen – Ein Plädoyer für digitales Einbringen . . . H. 2, S. 40
Plenert, Kaspar: Happy birthday GPA – 40 Jahre Gemeindepädagogenausbildung in der EKBO. Bestandsaufnahme und Ausblicke . . . H. 1, S. 37
Richter, Tobias: Gewinn und Verlust bei gemeindepädagogischen Anstellungen auf kirchenbezirklicher Ebene . . . H. 1, S. 46
Sterl, Christoph: „Du deckst den Tisch ...“ – Geschmack finden an Sinnfragen – Diakonische Bildung in den Pfeifferschen Stiftungen Magdeburg . . . H. 3, S. 50
Theobald, Detlev G.: Medienkompetenz und Teilhabe in einer Partizipationsgesellschaft . . . H. 2, S. 46
Ursel, Christine: Berufsbiografische Entwicklung – Ein Modell für Mitarbeitende und Personalverantwortliche . . . H. 1, S. 42
Wohlfarth, Stefan: Was gründet mich? Woraus schöpfe ich? – Spiritualität im beruflichen Kontext kirchlicher Mitarbeiterinnen und Mitarbeiter . . . H. 1, S. 39

KIRCHENJAHR/PRAXISENTWÜRFE

Böhme, Friedrich: ... und sie fanden einen Raum in der Herberge! . . . H. 3, S. 58
Emhardt, Bettina: Lebendiger Adventskalender im Stadtteil . . . H. 4, S. 56
Hahn, Uwe: Krippenspiel an zwei Orten . . . H. 4, S. 58
Krafcick, Marit: Agapemahlfeier . . . H. 3, S. 56
Krafcick, Marit: Ein Jahr des Abendmahls im Kirchenkreis Eisleben-Sömmerda . . . H. 3, S. 60
Kochen durchs Kirchenjahr – Bräuche und Rezepte . . . H. 3, S. 59
Kubik, Andreas: Theologisch auf den Punkt gebracht: Dankbarkeit . . . H. 3, S. 62
Kunze-Beiküfner, Angela: Passion in einem Bodenbild . . . H. 1, S. 51
Müller, Petra: Leinen los! – Qualifizierungskurse für die Arbeit mit Älteren . . . H. 1, S. 58
Nowak, Paula: „Selfies – Wer bin ich?“ – Ein Jugendfotoprojekt zur digitalen Identität 2.0 . . . H. 2, S. 53
Oelerich, Thomas: friedensklima – Ökumenische FriedensDekade 2019 . . . H. 4, S. 52
Piontek, Ingrid: Wie soll ich dich empfangen? – Adventswerkstatt . . . H. 4, S. 53
Simon, Anne: Open air, open talk – Sommerkinoabend mit Filmnachgespräch – Ein gemeindepädagogischer Praxisbericht . . . H. 2, S. 56
Treu, Jeremias: Die Fotorallye . . . H. 2, S. 55
Treu, Jeremias: KONAPP – Endlich eine App für die Konfiarbeit . . . H. 2, S. 52
Ursel, Christine: ErnteZeit – Was nährt mich in meiner Arbeit? . . . H. 3, S. 54
Ursel, Christine: Vom Siegeszug der Digitalisierung: NIKE (2017) von Sebastian Hertrich – Impulse für eine Andacht . . . H. 2, S. 58
Zarnow, Christopher: Theologisch auf den Punkt gebracht: Das Kreuz . . . H. 1, S. 59
Zarnow, Christopher: Theologisch auf den Punkt gebracht: Nächstenliebe . . . H. 4, S. 60
Zarnow, Christopher: Theologisch auf den Punkt gebracht: Sehnsucht . . . H. 2, S. 60
Zieschang, Franziska/Zieschang, Christoph: Ostergarten – Passion und Auferstehung mit allen Sinnen . . . H. 1, S. 56

MATERIALIEN/BUCHREZENSIONEN

Brand, Claudia: Erwin Wagenhofer, Alphabet – Angst oder Liebe, 2013 . . . H. 1, S. 63
Brand, Claudia: Louise Bagnall, Donkey, 2009 . . . H. 1, S. 63
Brand, Claudia: Matthias Kindler, Region im Aufbruch – Sieben Stationen einer missionarischen Entdeckungsreise, 2013 . . . H. 1, S. 63
Brand, Claudia: Florian Opitz, Speed – Auf der Suche nach der verlorenen Zeit, 2012 . . . H. 1, S. 63
Brand, Claudia: TalkBox Vol. 11 – Für Teams. Kommunikation, Motivation, Teamgeist, 2016 . . . H. 1, S. 63
Brand, Claudia: Cyril Dion/Melanie Laurent, Tomorrow – Die Welt ist voller Lösungen, 2015 . . . H. 1, S. 63
Brand, Claudia: Liga für das Kind e.V., Aufwachsen in der Medienwelt, 2016 . . . H. 2, S. 64
Brand, Claudia: Volker Heymann, Crushed Willi, 2013 . . . H. 2, S. 64
Brand, Claudia: Evangelisches Zentrum für entwicklungsbezogene Filmarbeit, Digital – Mobil – und Fair?, 2015 . . . H. 2, S. 64
Brand, Claudia: Thomas Balmè, Happiness – Ein Dorf im Wandel, 2013 . . . H. 2, S. 64
Brand, Claudia: Daniel Schaad, Invention of Trust – Die Datenlobby frisst ihre Kinder, 2016 . . . H. 2, S. 64
Brand, Claudia: Stéphane Robelin, Monsieur Pierre geht online, 2017 . . . H. 2, S. 64
Brand, Claudia: Gabriel Axel, Babettes Fest, 1987 . . . H. 3, S. 65
Brand, Claudia: Jürgen Krückel, Das Biblische Krimi-Dinner, 2018 . . . H. 3, S. 65
Brand, Claudia: Valentin Thurn, Die Essensretter, 2013 . . . H. 3, S. 65
Brand, Claudia: Robert Kenner, Food, Inc. – Was essen wir wirklich?, 2009 . . . H. 3, S. 65
Brand, Claudia: So essen sie! – Fotoporträts von Familien aus 15 Ländern. Ein Erkundungsprojekt rund um das Thema Ernährung . . . H. 3, S. 65
Brand, Claudia: Fred R. Willitzkat, Teller Suppe, 2010 . . . H. 3, S. 65
Brand, Claudia: Julia Ocker/Moritz Schneider, Apfelbaum, 2007 . . . H. 4, S. 63
Brand, Claudia: Hannes Holm, Ein Mann namens Ove, 2015 . . . H. 4, S. 63
Brand, Claudia: Danielle Proskar, Karo und der liebe Gott, 2005 . . . H. 4, S. 63
Brand, Claudia: Egmont Mayer, Red Rabbit, 2007 . . . H. 4, S. 63
Brand, Claudia: Nils Aguilar, Voices of Transition, 2012 . . . H. 4, S. 63
Brand, Claudia: Ralf Westhoff, Wir sind die Neuen, 2014 . . . H. 4, S. 63
Charbonnier, Lars: Christian Grethlein, Christsein als Lebensform. Eine Studie zur Grundlegung der Praktischen Theologie, ThLZ.F 35, Leipzig 2018 . . H. 1, S. 67
Charbonnier, Lars: Ingolf U. Dalferth, God first. Die reformatorische Revolution der christlichen Denkungsart, Leipzig 2018 . . . H. 1, S. 68
Charbonnier, Lars: Thomas Schlag/Jasmine Suhner (Hrsg.), Theologie als Herausforderung religiöser Bildung. Bildungstheoretische Orientierungen zur Theologizität der Religionspädagogik, Religionspädagogik innovativ 17, Stuttgart 2017 . . . H. 1, S. 67
Charbonnier, Lars: Ulrike Bittner, Und wenn sich die Lebenssituation ändert, ist das o.k. Eine Untersuchung der evangelischen Kirche als Gemeinschaft unter den Bedingungen postmoderner Mobilität, APLH 88, Göttingen 2016 . . . H. 1, S. 68
Charbonnier, Lars: Olaf-Axel Burow/Charlotte Gallenkamp (Hrsg.), Bildung 2030. Sieben Trends, die die Schule revolutionieren, Weinheim/Basel 2017 . . H. 2, S. 68
Charbonnier, Lars: Ulrich H. J., Körtner Für die Vernunft. Wider Moralisierung und Emotionalisierung in Politik und Kirche, Leipzig 2017 . . . H. 2, S. 67
Charbonnier, Lars: Andreas Kubik, Theologische Kulturhermeneutik impliziter Religion. Ein praktisch-theologisches Paradigma der Spätmoderne, Praktische Theologie im Wissenschaftsdiskurs 23, Berlin/Boston 2018 . . . H. 2, S. 67
Charbonnier, Lars: Ralf Frisch, Alles gut. Warum Karl Barths Theologie ihre beste Zeit noch vor sich hat, Zürich [2]2019 . . . H. 3, S. 68
Charbonnier, Lars: Michael Meyer-Blanck, Zeigen & Verstehen. Skizzen zu Glauben und Lernen, Leipzig 2018 . . . H. 3, S. 68
Charbonnier, Lars: Kerstin Menzel, Kleine Zahlen, weiter Raum. Pfarrberuf in ländlichen Gemeinden Ostdeutschlands, Praktische Theologie heute 155, Stuttgart 2019 . . . H. 4, S. 67
Charbonnier, Lars: Ulrich H. J. Körtner, Ökumenische Kirchenkunde, LETh 9, Leipzig 2018 . . . H. 4, S. 67
Charbonnier, Lars: Jürgen Kriz, Subjekt und Lebenswelt. Personzentrierte Systemtheorie für Psychotherapie, Beratung und Coaching, Göttingen 2017 . H. 4, S. 68
Charbonnier, Lars: Felix Roleder/Birgit Weyel, Vernetzte Kirchengemeinde. Analysen zur Netzwerkerhebung der V. Kirchenmitgliedschaftsuntersuchung der EKD, Leipzig 2018 . . . H. 4, S. 68
Müller, Petra: Ralf Kötter, Das Land ist hell und weit, Berlin 2015 . . . H. 1, S. 64
Müller, Petra: Stephanie Schwenkenbecher/Hannes Leitlein, Generation Y, Neukirchen-Vluyn 2017 . . . H. 1, S. 64
Müller, Petra: Heinrich Bücker, Halleluja und Helau, Regensburg 2012 . . . H. 1, S. 64
Müller, Petra: Daniela Bachmann u.a., Methodenstark, Luzern 2015 . . . H. 1, S. 64
Müller, Petra: Christine Willers-Vellguth, „Alles hat seine Zeit“. Gottesdienste zum Anfang und Ende der Grundschulzeit, Freiburg 2018 . . . H. 2, S. 65

MÜLLER, PETRA: Dieter Altmannsperger, Barfuß die Bibel entdecken. Kooperative Abenteuerspiele für die kirchliche und schulische Praxis, Neukirchen-Vluyn 2018 . . . . H. 2, S. 65
MÜLLER, PETRA: David Steindl-Rast/Gary Fiedel/Karie Jacobson, Dankbar leben, Münsterschwarzach 2018 . . . . H. 2, S. 65
MÜLLER, PETRA: Rita Diepmann/Anne Marie Braune, Vorwärts- und Rückwärtsgeschichten. 30 Mitmachgeschichten für den Morgenkreis, München 2019 . H. 2, S. 65
MÜLLER, PETRA: VELKD, Expeditionen ins Leben – entdecken, was wirklich zählt, Göttingen 2018 . . . . H. 3, S. 66
MÜLLER, PETRA: Martina Baur-Schäfer/Ulrike Verwold (Hrsg.), Himmlisch genießen. Gutes für Leib und Seele, Leipzig 2018 . . H. 3, S. 66
MÜLLER, PETRA: Ulrike Pilz-Kusch, Kraftvoll durch den Tag, Weinheim 2017 . . . . H. 3, S. 66
MÜLLER, PETRA: Gernot Candolini, Labyrinthe mit Kindern erleben, München 2019 . . . . H. 3, S. 66
MÜLLER, PETRA: Anke Keil, Als Frau Trauer bei uns einzog, Münsterschwarzach 2019 . . . . H. 4, S. 64
MÜLLER, PETRA: Barbara Palm-Scheidgen, Dass Friede werde unter uns. Friedensgebete und -gottesdienste, Regensburg 2019 . H. 4, S. 64
MÜLLER, PETRA: Martina Walter/Martin Werth (Hrsg.), Ich glaube; hilf meinem Unglauben!, Neukirchen-Vluyn 2019 . . . . H. 4, S. 64
MÜLLER, PETRA: Gabi Scherzer, Laternen, Lichter, Lampions – Leuchtende Ideen zu St. Martin und Lichterzeit, München 2019 . H. 4, S. 64

GEMEINDEPÄDAGOGISCHES FORUM
BÖHME, THOMAS: Info und Personen: Reihe Evangelische Bildungsberichterstattung vollständig erschienen . . . . H. 4, S. 65
CHARBONNIER, LARS: PGP für die Praxis . . . . H. 1, S. 14
CHARBONNIER, LARS: PGP für die Praxis . . . . H. 2, S. 68
CHARBONNIER, LARS: PGP für die Praxis . . . . H. 3, S. 67
CHARBONNIER, LARS: PGP für die Praxis . . . . H. 4, S. 65
HAHN, UWE: Info und Personen: Lebhaft Glauben – Religiöse Bildung mit Kindern . . . . H. 1, S. 65
HAHN, UWE: Info und Personen: midi – Think Tank für die Mission von Kirche und Diakonie; Dokumentation zur Arbeit mit Kindern in den Kirchengemeinden Sachsens . . . . H. 2, S. 66
HAHN, UWE: Info und Personen: Projektion 2060; Bischöfin Beate Hofmann . . . . H. 3, S. 67
NEUKIRCH, BERND: Methodenbox: BarCamp . . . . H. 2, S. 63
NEUKIRCH, BERND: Methodenbox: Fishbowl . . . . H. 3, S. 64
NEUKIRCH, BERND: Methodenbox: Systemisches Konsensieren . . . . H. 4, S. 62
NEUKIRCH, BERND: Methodenbox: Zukunftswerkstatt . . . . H. 1, S. 62

AUTOREN

Aechtner-Lörzer, Christine . . . . . H. 1, S. 47
Ark Nitsche, Stefan . . . . H. 4, S. 48

Bammel, Christina-Maria . . . . . . H. 3, S. 46
Barthels, Friederike . . . . H. 3, S. 48
Baur-Schäfer, Martina . . . . H. 3, S. 19
Bick, Amet . . . . H. 2, S. 50
Biemann-Hubert, Christine . . . . . H. 4, S. 19
Bils, Sandra . . . . H. 3, S. 34
Bode, Katrin . . . . H. 1, S. 22
Bohlken, Sandra . . . . H. 4, S. 28
Böhme, Friedrich . . . . H. 3, S. 58
Böhme, Thomas . . . . H. 4, S. 65
Brand, Claudia . . . . H. 1, S. 63
. . . . H. 2, S. 64
. . . . H. 3, S. 65
. . . . H. 4, S. 63
Bubmann, Peter . . . . H. 1, S. 9

Charbonnier, Lars . . . . H. 1, S. 3
. . . . H. 1, S. 14
. . . . H. 1, S. 67
. . . . H. 2, S. 3
. . . . H. 2, S. 67
. . . . H. 3, S. 3
. . . . H. 3, S. 67
. . . . H. 3, S. 68
. . . . H. 4, S. 3
. . . . H. 4, S. 65
. . . . H. 4, S. 67
Charbonnier, Ralph . . . . H. 2, S. 4
Coenen-Marx, Cornelia . . . . H. 4, S. 16

Dierks, Birgit . . . . H. 2, S. 22
Dollinger, Doris . . . . H. 4, S. 30

Emhardt, Bettina . . . . H. 4, S. 56
Enger, Philipp . . . . H. 4, S. 7
Erhardt, Martin . . . . H. 4, S. 40
Erler, Manja . . . . H. 1, S. 20

Faix, Tobias . . . . H. 2, S. 10
Fischer, Sibylle . . . . H. 4, S. 24
Fürstenberg, Carsten . . . . H. 4, S. 43

Gahlmann, Sandra . . . . H. 3, S. 48
Glas, Uschi . . . . H. 3, S. 4

Hahn, Matthias . . . . H. 1, S. 12
Hahn, Uwe . . . . H. 1, S. 65
. . . . H. 2, S. 66
. . . . H. 3, S. 24
. . . . H. 3, S. 67
. . . . H. 4, S. 11
. . . . H. 4, S. 58

Happel, Joachim . . . . H. 2, S. 19
Heilmann, Jan . . . . H. 3, S. 10
Herrmann, Michael . . . . H. 1, S. 44
Hochmuth, Martin . . . . H. 2, S. 45
Hohberg, Gregor . . . . H. 4, S. 38

Jacob, Michael . . . . H. 2, S. 48

Keller, Sebastian . . . . H. 2, S. 36
Kleinert, Marcus . . . . H. 2, S. 20
Klinkenborg, Kuno . . . . H. 3, S. 44
Krafcick, Marit . . . . H. 3, S. 56
. . . . H. 3, S. 60
Kremer, Raimar . . . . H. 3, S. 38
Kubik, Andreas . . . . H. 3, S. 62
Kunze-Beiküfner, Angela . . . . . . H. 1, S. 51
Kurtenbach, Sebastian . . . . H. 4, S. 46

Leistner, Jonathan . . . . H. 3, S. 6
Lilie, Ulrich . . . . H. 4, S. 4

Machel, Jörg . . . . H. 4, S. 50
Menge, Christian . . . . H. 4, S. 26
Menzke, Susanne . . . . H. 4, S. 12
Metzner, Christiane . . . . H. 1, S. 28
Minkner, Karolin . . . . H. 4, S. 36
Müller, Christine . . . . H. 3, S. 8
Müller, Karsten: . . . . H. 1, S. 30
Müller, Petra . . . . H. 1, S. 58
. . . . H. 1, S. 64
. . . . H. 2, S. 65
. . . . H. 3, S. 22
. . . . H. 3, S. 66
. . . . H. 4, S. 64

Nell, Karin . . . . H. 4, S. 22
Neukirch, Bernd . . . . H. 1, S. 48
. . . . H. 1, S. 62
. . . . H. 2, S. 63
. . . . H. 3, S. 64
. . . . H. 4, S. 62
Neumeier, Lutz . . . . H. 2, S. 26
Niermann, Dieter . . . . H. 3, S. 28
Nowak, Paula . . . . H. 2, S. 53

Oelerich, Thomas . . . . H. 4, S. 52

Palkowitsch-Kühl, Jens . . . . H. 2, S. 28
. . . . H. 2, S. 42
Patzig, Christina . . . . H. 3, S. 42
Pelzer, Jürgen . . . . H. 2, S. 8
Petzoldt, Tobias . . . . H. 2, S. 40
Piontek, Ingrid . . . . H. 4, S. 53
Plenert, Kaspar . . . . H. 1, S. 37
Pruin, Dagmar . . . . H. 4, S. 34

Pyka, Holger . . . . H. 3, S. 36

Reuther, Bernd . . . . H. 3, S. 26
Richter, Tobias . . . . H. 1, S. 46
Rogazewski, Andrea . . . . H. 1, S. 17
Rößner, Friedrich . . . . H. 4, S. 14
Rumpff, Arlett . . . . H. 2, S. 12

Schierbecker, Chantal . . . . H. 3, S. 16
Schlamm, Andreas . . . . H. 4, S. 35
Schmidt, Pia . . . . H. 4, S. 32
Schreiter, Annika . . . . H. 2, S. 30
Seekamp, Helge . . . . H. 2, S. 24
Simon, Anne . . . . H. 2, S. 56
Spanhel, Dieter . . . . H. 2, S. 13
Spenn, Matthias . . . . H. 1, S. 4
Steinsberger-Henkel, Ulrike . . . . H. 2, S. 32
Sterl, Christoph . . . . H. 3, S. 50
Stolte, Roland . . . . H. 4, S. 38
Stückrad, Juliane . . . . H. 1, S. 26

Tanschus, Nele Marie . . . . H. 1, S. 24
Theobald, Detlev G. . . . . H. 2, S. 46
Thiel, Tobias . . . . H. 2, S. 6
Treu, Jeremias . . . . H. 2, S. 52
. . . . H. 2, S. 55
. . . . H. 3, S. 14

Ursel, Christine . . . . H. 1, S. 16
. . . . H. 1, S. 34
. . . . H. 1, S. 42
. . . . H. 2, S. 31
. . . . H. 2, S. 38
. . . . H. 2, S. 58
. . . . H. 3, S. 54
. . . . H. 4, S. 6

Versemann, Timo . . . . H. 2, S. 16
Verwold, Ulrike . . . . H. 3, S. 19

Weigel, Sabine . . . . H. 1, S. 32
Willuweit, Steffi . . . . H. 3, S. 31
Wohlfarth, Stefan . . . . H. 1, S. 39

Zander, Annegret . . . . H. 2, S. 34
Zarnow, Christopher . . . . H. 1, S. 59
. . . . H. 2, S. 60
. . . . H. 4, S. 60
Zellfelder, Paul-Hermann . . . . . . H. 4, S. 19
Zieschang, Christoph . . . . H. 1, S. 56
Zieschang, Franziska . . . . H. 1, S. 56
Zorbach, Dieter . . . . H. 2, S. 32

Die Zeitschrift »Praxis Gemeindepädagogik« (PGP) erscheint in der Evangelischen Verlagsanstalt, Leipzig.

© EVANGELISCHE VERLAGSANSTALT GMBH: Blumenstraße 76, 04155 Leipzig; www.eva-leipzig.de

Aboservice und Vertrieb: Christine Herrmann, Telefon 0341/7114122, E-Mail <herrmann@eva-leipzig.de>

Nachbarn, die wir nicht sehen

Andreas Schlamm

650.000 Menschen in Deutschland hatten 2017 keine Wohnung – so die aktuelle Schätzung der Bundesarbeitsgemeinschaft Wohnungslosenhilfe. Niemand kennt die genauen Zahlen, denn es gibt keine offizielle Statistik. Rund 440.000 Menschen lebten demnach in staatlich finanzierten Unterkünften. Rund 162.000 Menschen kamen vorübergehend bei Freunden unter, 48.000 Menschen waren obdachlos und lebten schutzlos auf der Straße; darunter in Großstädten bis zu 50 % aus osteuropäischen Ländern. Ihnen bleibt meist nur die Notversorgung. Die Zahl Wohnungsloser, darunter eine wachsende Zahl behinderter Menschen und inzwischen auch ganzer Familien, steigt seit Jahren kontinuierlich an. Grund dafür sind das unzureichende Angebot an bezahlbarem Wohnraum und ein viel zu geringer Bestand von Sozialwohnungen. Menschen in prekären Verhältnissen sind derzeit einem besonders hohen Risiko ausgesetzt, ihre Wohnung zu verlieren. Die Angst vor sozialem Abstieg und Obdachlosigkeit ist längst in der Mitte der Gesellschaft angekommen. Neben strukturellen Ursachen und einer verfehlten Wohnungsbaupolitik sind die Auslöser für einen Wohnungsverlust sehr individuell. Obdachlosigkeit entsteht nicht von heute auf morgen, sondern ist i. d. R. Resultat einer langen problematischen Entwicklung. Würde das Umfeld mit größerer Anteilnahme hinschauen und beherzter eingreifen, könnte manche Abwärtsspirale vielleicht gestoppt werden. Wir brauchen ein neues Wir, und hier hat die Kirche viel Erfahrung und Kompetenz einzubringen.

Drei von vier Obdachlosen haben laut einer Studie psychische Beeinträchtigungen und dabei kann es auch gut ausgebildete Menschen treffen. Mir kommt ein ehemaliger Arzt in den Sinn, der einem Sozialarbeiter in einer Notunterkunft der Berliner Stadtmission erzählte, wie er in die Obdachlosigkeit hineinschlitterte: Bei einem Unfall verlor er seine gesamte Familie. Über diesen Schicksalsschlag kam er nicht hinweg. Er begann den Schmerz mit Alkohol zu betäuben, sodass ihm Schritt für Schritt die Kontrolle über sein Leben entglitt. Er isolierte sich, die Patienten blieben weg, er verlor seine Zulassung und musste die Praxis schließen, konnte seine Miete nicht mehr bezahlen, öffnete seine Post nicht mehr – und stand irgendwann auf der Straße.

Obdachlosigkeit bedeutet auch den Totalverlust von Privatsphäre. Obdachlose tragen ihr Scheitern für jedermann und jedefrau sichtbar mit sich herum. Und so begegnet die Gesellschaft Obdachlosen mit Angst und Unsicherheit, mit versteckter Diskriminierung bis hin zu offener Aggression. Die meisten Menschen tun so, als wären Obdachlose unsichtbar. Schon ein freundliches Wort und ein wenig menschliche Zuwendung kann das Gefühl von Ausgrenzung lindern. Aus Scham verhalten sich viele Obdachlose auch so, als wären sie unsichtbar. Doch in Großstädten sind sie einfach präsent. Sie der Ignoranz oder dem Vergessen zu entreißen, aufzuklären und authentische Begegnungen zu ermöglichen, das sieht der Berliner Verein querstadtein als seine Bildungsaufgabe. Seit 2013 können Interessierte Stadtführungen buchen, die Berlin aus der Perspektive ehemaliger Obdachloser nahebringen. Dieter, Klaus und Uwe zeigen auf ihren Touren Orte im öffentlichen Raum, an denen sie einmal gelebt und geschlafen haben. Die Führungen durch verschiedene Stadtviertel bieten viel Raum für Dialog sowie die Chance Berührungsängste abzubauen und eigene Vorurteile zu hinterfragen.

Foto: Anna Rozkosny

Foto: Frank Dieper

www.querstadtein.org

Andreas Schlamm ist Diplom-Religionspädagoge, für die Organisation eines Führungskräftekongresses der Evangelischen Kirche in Deutschland verantwortlich und engagiert sich ehrenamtlich im Vorstand von querstadtein e.V., der unter dem Motto „Berlin anders sehen" Stadtführungen durch ehemalige Obdachlose und durch Geflüchtete anbietet.

Nachbarn auf Zeit
Ökumenische Jugenddienste in Deutschland

Karolin Minkner

Es ist Sommer 2019 und in der Herberge des Ökumenischen Pilgerwegs Sachsen, Sachsen-Anhalt und Thüringen (Kirchgemeinde Leipzig-Sommerfeld) leben seit einigen Tagen junge Menschen aus Belarus, Deutschland, der Slowakei, Tschechien, der Ukraine und Ungarn zusammen. Sie sind Teilnehmende eines internationalen Workcamps der Ökumenischen Jugenddienste (ÖJD).

Die Workcamps des ÖJD finden seit über 60 Jahren statt. Sie stehen in der Tradition der Ökumenischen Internationalen Aufbaulager, die nach dem 2. Weltkrieg vom Jugendreferat des Ökumenischen Rates der Kirchen (ÖRK) entwickelt und organisiert wurden. Dank dieser Möglichkeit zur internationalen Begegnung können sich direkte und indirekte Ländernachbarn kennenlernen und austauschen. Erklärtes politisches Ziel dieser Form der Jugendarbeit ist nach wie vor, über die Grenzen des eigenen Gemeinwesens und der eigenen Nation hinauszuweisen. Mit ihrem ehrenamtlichen Engagement in einem ökumenischen Projekt können junge Menschen praktische Erfahrungen zu den Themen Gerechtigkeit, Frieden und Bewahrung der Schöpfung sammeln und lernen, gemeinsam dafür einzutreten. Das ökumenische Miteinander lädt dazu ein, das eigene Glaubensverständnis zu reflektieren und in der Auseinandersetzung mit anderen weiterzuentwickeln. Das erste Workcamp der Kirchgemeinde Leipzig-Sommerfeld fand 1971 statt. Seitdem unterstützen die ÖJD-Workcamps in unregelmäßigen Abständen die Kirchgemeinde durch ihre ehrenamtliche Arbeit. Zwei Wochen lang wird „Nachbarschaft auf Zeit" gelebt und gefeiert. Impulse für „Nachbarnsein auf Zeit" werden auf verschiedenen Ebenen erfahren und erlebt:

1. Die jungen Teilnehmenden lernen durch das „Nachbarnsein auf Zeit" neue Kulturen kennen. Durch das gemeinsame Arbeiten an einem Projekt und das gemeinsam gestaltete Zusammenleben setzen sich die Teilnehmenden mit dem Thema „Verständigung" und beispielweise nachfolgenden Fragen auseinander:

- Zeit – Raum (Was bedeutet das für uns?)
- Kommunikation (Wie kommunizieren wir? Verbal – nonverbal – paraverbal)
- Individualismus und Kollektivismus (Wie sind wir geprägt?)
- Regeln, Werte, Normen (Was ist uns wichtig?)
- Wahrnehmung (Wie reflektiere ich?)

Neben dem Kennenlernen neuer Kulturen ermöglicht das befristete „Nachbarsein" die Chance, Kompetenzen im internationalen Miteinander zu üben. In der internationalen Arbeit stellt insbesondere die Ambiguitätstoleranz eine Kernkompetenz dar. Unter Ambiguitätstoleranz ist das Aushalten von Unsicherheit, Vieldeutigkeit, Vielfalt und Differenzen zu verstehen. Thomas Bauer schreibt: „Dies ist unsere Welt: uneindeutig. Menschen sind ständig Eindrücken ausgesetzt, die unterschiedliche Interpretationen zulassen, unklar erscheinen, keinen eindeutigen Sinn ergeben, sich zu widersprechen scheinen, widersprüchliche Gefühle auslösen, widersprüchliche Handlungen nahezulegen scheinen. Kurz: Die Welt ist voll von Ambiguität."[1] Ambiguitätstoleranz kann insbesondere im Zusammentun von interkulturellen und interreligiösen Gruppen geübt werden.

2. Auch für den Camp-Partner setzen die Workcamps Impulse für das „Nachbarsein". In Paplitz, einem kleinen Dorf in Brandenburg, freuen sich die Kirchengemeinde und die Kommune auf die Workcamp-Gruppe. Hier müssen zwei Gruppen, Kirchengemeinde und Kommune, an einem Strang ziehen, weil Verantwortung für die Jugendlichen und das Projekt übernommen wurde. So kommen Menschen miteinander ins Gespräch und arbeiten zusammen, die vorher kein Wort miteinander gewechselt haben.

Für die Friedhöfe der Ev. Luisenkirchengemeinde Berlin-Charlottenburg beschreibt der Camp-Partner die Anregungen der „Workcamp-Nachbarn" neben der geschafften Arbeit wie folgt: „Alle Workcamp-Teilnehmenden waren so positiv und zupackend und inzwischen finden unsere Friedhofsbesucher es toll, dass die Friedhöfe durch die Workcamper einen guten Geist eingehaucht bekommen. Für die Friedhofsarbeiter ist es beeindruckend, dass es junge Menschen gibt, die freiwillig und voller Begeisterung dem Friedhof ihre Energie schenken. Man kann die Ausstrahlung des ehrenamtlichen Engagements und die Belebung für den Friedhof gar nicht hoch genug einschätzen. Es hört sich vielleicht seltsam an: Von der Arbeit der Workcamper geht eine tröstende, friedliche Wirkung für die Angehörigen der auf dem Friedhof beigesetzten Menschen aus."

Durch die Teilnahme der Workcamper an Gemeindeveranstaltungen und Gottesdiensten begegnen sich Menschen, die sich so wohl nie kennen gelernt hätten. Die Jugendlichen begeistern die Gemeindeglieder durch ihren Mut, sich auf den Weg gemacht und sich auf neue Dinge in einer für sie noch unbekannten Welt eingelassen zu haben. Auch wenn das „Nachbarsein" befristet ist, das gemeinsam Erlebte prägt alle Beteiligten nachhaltig. Hinzugewonnene soziale und interkulturelle Kompetenz und Offenheit für neuartige Erfahrungen lässt bei allen Beteiligten aus dem „befristeten Nachbarsein" nicht selten lebenslange Freundschaften zu Teilnehmern und Camp-Partnern erwachsen.

Entscheidend für das Gelingen des „Nachbarsein" ist die gemeinsame Aufgabe. Beim ÖJD stellt sich diese gemeinsame Aufgabe im Zusammenleben und Tun für andere dar. Daher lauter das ÖJD-Motto auch „united we work". Dieses Motto bezieht sich nicht nur auf die Teilnehmenden, sondern auch auf die Camp-Partner und Einsatzorte.

Literatur

Bauer, Thomas (2018): Die Vereindeutigung der Welt. Über den Verlust an Mehrdeutigkeit und Vielfalt. Stuttgart.

Deibert-Dam, G. (1992): Lernen für die Eine Welt. Ökumenisches Lernen in Workcamps. aej Studienband 15. Stuttgart.

Handschuck, S./ Klawe, W. (2010): Interkulturelle Verständigung in der sozialen Arbeit. Ein Erfahrungs-, Lern- und Übungsprogramm zum Erwerb interkultureller Kompetenz. Weinheim und München.

Thomas, A./ Chang, C./ Abt, H. (2007): Erlebnisse, die verändern. Langzeitwirkungen der Teilnahme an internationalen Jugendbegegnungen. Göttingen.

Anmerkung

1   Bauer, Thomas (2018): Die Vereindeutigung der Welt. Über den Verlust an Mehrdeutigkeit und Vielfalt. Stuttgart, S. 12.

www.eys-workcamp.de

Karolin Minkner ist Referentin für internationale Jugendarbeit und Ökumenische Jugenddienste.

Das House of One

Geschwister, die beieinander wohnen

Gregor Hohberg und Roland Stolte

„Dies ist das gewaltige neue Problem der Menschheit. Wir haben ein stattliches Haus geerbt, ein großes ‚Welthaus‘, in dem wir zusammen leben müssen – Schwarze und Weiße, Menschen aus dem Osten und dem Westen, Heiden und Juden, Katholiken und Protestanten, Moslems und Hindus, eine Familie, die in ihren Ideen, ihrer Kultur und ihren Interessen übermäßig verschieden ist und die – weil wir nie mehr ohne einander leben können – irgendwie lernen muss, in dieser großen Welt miteinander zu leben.“

(www.nobelprize.org/1964/king-lecture.html)

Stadtloggia © Kuehn Malvezzi, Visualisierung: Kuehn Malvezzi

Das sagte Martin Luther King im Schlussteil seiner Rede zum Friedensnobelpreis 1964. Das Problem der Menschheit, trotz aller Unterschiedlichkeit miteinander als eine Menschheitsfamilie, das eine Welthaus, unsere Erde, zu bewohnen, ist in Zeiten einer immer näher zusammenrückenden Welt aktueller denn je. Die Sehnsucht der Menschen nach einem friedlichen Zusammenleben ist groß. Die Welt ist kleiner geworden und die Wege zueinander kürzer. Wir können das auch in unserem Alltag wahrnehmen. Wir begegnen Menschen, die anders aussehen, die anderer Herkunft sind und anders glauben. Eine Welt voller Vielfalt. Unüberschaubar, faszinierend und unheimlich. Menschen unterschiedlicher Religionsgemeinschaften, Überzeugungen und Lebensstile treffen aufeinander. Und all diesen Menschen, ja der ganzen Erde, gilt der uns von Gott verheißene Friede. Die Tatsache, dass Menschen um uns herum meinen Glauben nicht teilen und dass die Mehrheit der Bevölkerung sich als nicht religiös versteht, mindert nicht deren Bedeutung für ein segensreiches Miteinander in unserem Land, in jedem Dorf und jeder Stadt. Die Öffentlichkeit hat einen Anspruch auf unsere Botschaft. „Ob Religion in Zukunft eine friedensstiftende Größe sein wird oder zur Potenzierung sozialer und kultureller Spannungen und Konflikte beiträgt, ist insbesondere für die Stadt eine wichtige Zukunftsfrage. Um des Zusammenlebens der Menschen verschiedener Religionen willen gibt es keine Alternative zu einem Dialog der Religionen …“[1]

In Berlin gibt es seit einigen Jahren einen neuen Versuch für die Intensivierung des Dialogs zwischen Menschen unterschiedlichen Glaubens, zwischen religiösen und nichtreligiösen Menschen. Auf dem Petriplatz in Berlin Mitte soll das House of One Berlin entstehen.[2] Stadtgeschichtlich liegt hier eine der mittelalterlichen Geburtsstätten Berlins. Auf den Grundmauern der zerstörten und nicht mehr vorhandenen Petrikirche soll ein neuartiger Sakralbau entstehen.

Die Evangelische St. Petri-St. Marien-Kirchengemeinde hat die Idee eines Bet- und Lehrhauses entwickelt, unter dessen Dach die drei großen monotheistischen Religionen Erstbewohner sein sollen: Judentum, Christentum und Islam werden exemplarisch durch je eine Gemeinde vertreten. Jede Religionsgemeinschaft wird ihrer eigenen Tradition folgend Gottesdienst und Gebet halten, unvermischt und ohne Abstriche, in drei getrennten Sakralräumen. Und jede wird über ihren Glauben und seine Rituale informieren. Die Festkalender der drei Religionen werden gepflegt, tägliche Andachten (jüdische, christliche und islamische Gebete und Liturgien) allen Besuchern offenstehen, Schulklassen einen Einblick in die gelebte Welt der Religionen erhalten und gemeinsam werden wir behutsam nach neuen Formen des Miteinanders suchen. In **einem** Haus wird sich das eigene und vertraute Glaubensleben in Sicht- und Rufweite zur eher unbekannten und vielleicht auch befremdlichen Glaubenspraxis der anderen entfalten. Die enge Nachbarschaft wird den Blick weiten, Respekt voreinander und Verständnis füreinander wachsen lassen.

Die drei Gottesdiensträume im Haus gruppieren sich rund um einen gemeinsamen, zentralen Raum, den Lehrraum. In diesem Raum findet die Begegnung zwischen den Religionen statt, lernen wir voneinander und üben den respektvollen Umgang miteinander ein. Zugleich bildet dieser 4. Raum das Scharnier zur mehrheitlich säkularen Stadtgesellschaft. Gemeinsam laden die drei Religionen hier auch die Menschen ein, die einem anderen oder keinem Glauben folgen, stellen sich allen Fragen und wünschen sich spannende Diskussionen. Das ist unsere Hoffnung für das House of One. Das ist unsere Hoffnung für das Gebäude House of One, für das in diesen Tagen die Gründungsarbeiten beginnen und das in fünf Jahren errichtet sein soll. Doch zugleich leben wir, die drei Gründergemeinden, neben der St. Petri-St. Marien

Gertraudenstraße © Kuehn Malvezzi, Visualisierung: Davide Abbonacci, Kuehn Malvezzi

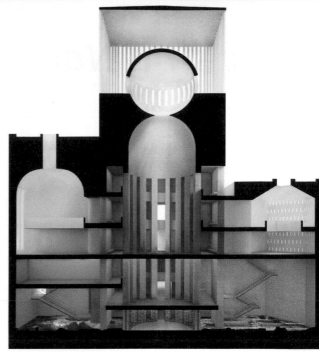

Schnittperspektive © Kuehn Malvezzi, Visualisierung: Kuehn Malvezzi

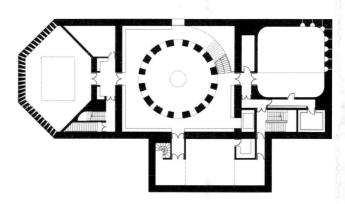

Grundriss 1. Obergeschoss © Kuehn Malvezzi

Gemeinde sind das die Jüdische Gemeinde Berlin und das Forum Dialog als islamischer Partner, diese Vision für das künftige gemeinsame Haus seit fast 10 Jahren. Im alltäglichen Miteinander planen wir das Haus, besuchen Schulen und Gemeinden, kooperieren mit Partnerprojekten weltweit, laden ein zu Dialogveranstaltungen und zu Friedensgebeten.

Der Prozess, der die Entstehung des House of One begleitet, bleibt eine Suchbewegung vor Gott, ist menschliches Tun, unfertig und mit offenem Ausgang. Das letzte Wort hat Gott! Für uns geht es darum, den eigenen Glauben im Angesicht der anderen zu vertiefen und zugleich sein Friedenspotential vor dem Forum einer breiten gesellschaftlichen Öffentlichkeit deutlich zu machen. Mit dem House of One Projekt können wir Interesse an unserer Botschaft wecken, den religiös Anderen als Mitbewohner neu und besser kennen und verstehen lernen. Wir können durch den, der anderes glaubt, in der eigenen Religion Neues entdecken und gemeinsam in das offene Gespräch mit Religionssuchenden und Kritikern treten um des friedlichen Miteinanders willen.

Anmerkungen

1 Gott in der Stadt. Perspektiven evangelischer Kirche in der Stadt. EKD Text 93. Hannover 2007, S.69.

2 Der Name House of One wurde 2014 im Zuge der Internationalisierung und im Zusammenhang mit dem Start der Crowdfundingkampagne ausgerufen und orientiert sich am eingangs zitierten M.L.King-Wort.

Roland Stolte ist Verwaltungsdirektor der Stiftung House of One.

Gregor Gregor Hohberg ist Pfarrer der Evangelischen St. Petri-St. Marien Gemeinde und Stellvertretender Vorsitzender des Stiftungsrates der Stiftung House of One.

Fotos: Klemens Renner

Wir sind Nachbarn. Alle

Das Projekt „Sorgende Gemeinde werden"

Martin Erhardt

Sorgende Gemeinde werden: Das ist eine Chance für die Kirche. Der Ratsvorsitzende der EKD, Dr. Heinrich Bedford-Strohm, sagt dazu: „Zu den Stärken unserer Kirche gehört die Präsenz vor Ort. In den Stadtteilen und Dörfern gewinnt die Kirche ihr Gesicht ..."

Entstehung des Projekts „Sorgende Gemeinde werden"

Das Projekt „Sorgende Gemeinde werden" der Evangelischen Arbeitsgemeinschaft für Altenarbeit in der EKD (EAfA) entstand aus einer intensiven Auseinandersetzung mit dem 7. Altenbericht der Bundesregierung. Der Bericht „Sorge und Mitverantwortung in der Kommune – Schaffung und Erhalt zukunftsfähiger Gemeinschaften" wurde 2016 veröffentlicht und betont die Bedeutung des Nahraumes für die Gestaltung des Sozialen. Es geht um die Frage, welchen Beitrag Kommunen und örtliche Gemeinschaften zu einem würdigen und selbstbestimmten Älterwerden leisten können. Anliegen ist es, Chancen des zivilgesellschaftlichen Engagements auszuloten und Rahmenbedingungen für sorgende Gemeinschaften zu formulieren: Wie sind örtliche Lebensräume zu gestalten, damit ältere Menschen möglichst lange ein selbständiges Leben in den „eigenen vier Wänden" führen und am gesellschaftlichen Leben in der Kommune teilhaben können?

Die EAfA hat dieses Thema aufgegriffen und auf die Herausforderungen und Chancen für die Kirchengemeinden hingewiesen. Mit der Aufwertung des Nahraumes, der Verörtlichung der Seniorenpolitik und der Betonung der Bedeutung der Zivilgesellschaft für die Gestaltung des sozialen Miteinanders, kommen Kirchengemeinden mit ihrem Beitrag zur Entwicklung des Sozialraumes neu in den Blick.

Materialien zum Projekt

Zur Unterstützung für die Arbeit vor Ort wurden verschiedene Materialien entwickelt, die kostenfrei in der Geschäftsstelle der EAfA bestellt oder von der Homepage der EAfA (https://www.ekd.de/eafa/sorgende_gemeinde_werden.html) heruntergeladen werden können.

- Ein Positionspapier, das sich kritisch mit dem 7. Altenbericht auseinandersetzt.
- Drei Flyer, die Anregungen zur Umsetzung im Alltag von Kirchengemeinden geben.
- Ein Werkheft „Sorgende Gemeinde werden – Grundlagen – Konzepte – Material" und dazugehörige Downloads für die Gemeindearbeit.

Die Materialien im Einzelnen

Flyer „Wir sind Nachbarn. Alle"
Kirchengemeinden sorgen für gelingende Nachbarschaft

Im Alter, zumal wenn man auf sich allein gestellt ist, werden gute nachbarschaftliche Kontakte wichtiger. Sie bedeuten Kontakt, geben Resonanz und bieten Unterstützung. Dadurch wird Teilhabe ermöglicht und die Lebensqualität der Menschen im Quartier erhöht.

Kirchengemeinden können Initiator aktiver Nachbarschaften werden. Sie sind erfahren in der Gemeinwesenarbeit, haben Zugang zu den Menschen und verfügen über eine Infrastruktur, über Traditionen und öffentliche Räume. Wenn es gelingt, Menschen für aktive Nachbarschaftsarbeit zu gewinnen, entstehen „Sorgende Gemeinden".

Der Flyer beschäftigt sich mit gelingender Nachbarschaft, beschreibt die Chancen für unsere Kirche und gibt Hinweise für die Entwicklung einer aktiven Nachbarschaftsarbeit.

Flyer „Wir weben mit. Netzwerken"
Kirchengemeinden wirken im Gemeinwesen

Kirchengemeinden entwickeln sich weiter, richten sich neu aus. Dabei sollte ihr Blick nicht nur den verschiedenen Zielgruppen gelten. In Zukunft wird es verstärkt darauf ankommen, die verschiedenen Angebote gemeinsam zu entwickeln, denn nur so können aus Betroffenen Beteiligte werden. Das setzt allerdings voraus, den Menschen zu vertrauen, Ihnen etwas zuzutrauen und Räume zu schaffen, in denen sie ihre Interessen ausdrücken und ihre Potenziale zur Entfaltung bringen können. Auf diese Weise werden Beziehungsnetze geknüpft. Sie fördern die Aktivität des Einzelnen und unterstützen bei der Gestaltung und Bewältigung des Lebens. Diese Netzwerke können zudem Projekte entwickeln, in denen Gemeinschaft erfahren, Solidarität gelebt und der soziale Zusammenhalt vor Ort gestärkt werden.

Für eine erfolgreiche Entwicklung der Netzwerke ist eine Moderation trotzdem sinnvoll. Dieser Flyer geht u.a. auch auf strategische Aspekte einer stabilen Netzwerkarbeit ein.

Flyer „Wir sind jung und alt. Gemeinsam"
Kirchengemeinden sorgen für ein lebendiges Miteinander der Generationen

Demografische wie politische Veränderungen in unserer Gesellschaft wirken sich immer auch auf das Verhältnis der Generationen aus. So führt z.B. die Zunahme beruflicher Mobilität dazu, dass ein Zusammenleben mehrerer Generationen an einem Ort die Ausnahme geworden ist. Gegenseitige Unterstützung und generationsübergreifende Solidarität sind keine Selbstverständlichkeit. Der Dialog der Generationen will und muss – trotz insgesamt recht guter familiärer Beziehungen in unserer Gesellschaft – immer wieder belebt und weiterentwickelt werden.

Kirchengemeinden sind generationengemischt, auch wenn sich die jeweiligen Altersgruppen meist getrennt voneinander treffen. Die Erfahrungen der „Anderen" bereichern unser Zusammenleben. In der Begegnung der Generationen werden die komplexen Lebenswelten mit all ihren Möglichkeiten und Risiken sichtbar. Gemeinden können generationsübergreifende Begegnungen möglich machen, entsprechende Projekte anbieten und für ein lebendiges Miteinander der Generationen sorgen. Der Flyer beschreibt bestimmte Veränderungen der Generationenbeziehungen, verweist auf positive Auswirkungen eines gelungenen Generationendialogs und regt an, den Weg vom Nebeneinander zum Miteinander der Generationen zu gehen.

**Werkheft: „Sorgende Gemeinde werden –
Grundlagen, Konzepte, Material"**

Das Werkheft möchte kirchliche Akteure bewegen, ihre Rolle im Gemeinwesen zu bedenken und sich zu fragen, was sie an ihrem Ort zu sorgenden Gemeinschaften beitragen können. Der erste Teil enthält kurz gefasste, grundlegende Beiträge von Fachleuten zu Themen, die im Kontext von „Sorgende Gemeinde werden" relevant sind. Sie reichen von ‚Verantwortungsbezügen und Sorgeformen älterer Menschen' (Prof. Andreas Kruse) und dem ‚Leitbild Caring Community' (Prof. Thomas Klie) bis hin zu ‚Perspektiven für das Zusammenwirken von Kirche und Diakonie' (Prof. Beate Hofmann), einer diakonisch-theologischen Reflektion von ‚Sorgende Gemeinde werden' (OKR a. D. Cornelia Coenen-Marx).

Der zweite Teil versammelt methodisch-didaktisch aufbereitetes Material für die Gestaltung von Veranstaltungen zum Thema. Die hier angebotenen Texte, Vorlagen und Methoden sind eine wahre Fundgrube für all jene, die sich mit den Anregungen, Empfehlungen und Konsequenzen des Siebten Altenberichtes auseinandersetzen und sich ganz konkret auf den Weg machen wollen, um eine „sorgende Gemeinde" zu werden.

Veranstaltungen im Rahmen des Projekts

Ermutigt durch die positive Resonanz auf die 2016 veröffentlichten Materialien und aufgrund der Aktualität des Themas für die Zukunftsgestaltung der Kirche vor Ort, hat sich der Vorstand der EAfA dafür entschieden, das Projekt „Sorgende Gemeinde werden" 2018 fortzusetzen. Um die anstehenden Fragen in aller Breite diskutieren zu können, fanden zu diesem Themenkomplex verschiedene Fachtagungen in verschiedenen Landeskirchen statt.

https://www.ekd.de/eafa/sorgende_
gemeinde_werden.html

Martin Erhardt ist Diplom Sozialpädagoge und Supervisor. Er ist Mitarbeiter im Zentrum Bildung der EKHN in Darmstadt und Mitglied des Vorstandes der EAfA.

Im Auftrag der Evangelischen Kirche in Deutschland
hrsg. von Benjamin Stahl, Anja Hanser und Michael Herbst

Stadt, Land, Frust?
Eine Greifswalder Studie zur arbeitsbezogenen
Gesundheit im Stadt- und Landpfarramt
Kirche im Aufbruch (KiA) | 26

264 Seiten | 15,5 x 23 cm | zahlr. 4c Abb.
Hardcover | Fadenheftung
ISBN 978-3-374-06093-1   EUR 35,00 [D]

Kirche ist mittendrin – in abgelegenen, ländlichen Räumen. Diese Räume stellen für Gesellschaft und Kirchen eine große Herausforderung dar. Einsparmaßnahmen erzwingen Rückbau und die Fläche wird zum Problem. Die vorliegende Studie geht der Frage nach, wie es den Gemeindepfarrerinnen und -pfarrern in dieser Umgebung geht und welche Unterschiede es in der Arbeitsbelastung im Vergleich mit den Kolleginnen und Kollegen aus der Stadt gibt.
Kommentatoren aus relevanten Fachgebieten und Kirchenleitungen ziehen erste Schlüsse für die Kirche heute. Auf diese Weise will dieses Buch zur Diskussion anregen und Ansatzpunkte liefern, um ein gutes, fröhliches und wohlbehaltenes Arbeiten im Pfarramt zu fördern.

Mit Beiträgen von Gabriele Ahnert-Sundermann, Peter Böhlemann, Philipp Elhaus, Martin Grabe, Anja Hanser, Michael Herbst, Michael Lehmann, Silvia Neumann, Gunther Schendel, Jürgen Schilling, Thomas Schlegel, Benjamin Stahl und Henrike Völz.

EVANGELISCHE VERLAGSANSTALT
Leipzig   www.eva-leipzig.de   f facebook.com/eva.leipzig

Bestelltelefon 03 41 / 7 11 41 44 | Fax 03 41 / 7 11 41 50 | shop@eva-leipzig.de

Nachbarn vor Ort

Wozu Sozialraumorientierung in Kirche und Diakonie?

Carsten Fürstenberg

Was ist Sozialraumorientierung? Eine kurze Einführung

1. Orientierung am Willen der Menschen

Sozialräumliche Ansätze gehen von den Menschen vor Ort und ihren Bedürfnissen und Wünschen aus. Durch aktivierende Befragungen, Informationsveranstaltungen mit Möglichkeiten der Beteiligung (Open Space, World Cafe etc.) wird versucht, Wünsche und Anregungen der Bewohner aufzunehmen und gemeinsam nach Umsetzungsmöglichkeiten zu suchen. Stichwort: Nicht *für* die Menschen, sondern *mit* den Menschen.

2. Stärkung der Eigeninitiative

Jeder Mensch hat innere und äußere Ressourcen. Zu unserem Menschsein gehört es, diese für sich und für die Gemeinschaft einzusetzen. Die Erfahrung der Selbstwirksamkeit gibt Lebenssinn und wirkt stabilisierend nach innen und außen. Sozialraumorientierte Ansätze gehen davon aus, dass Menschen in Gemeinschaft und in Auseinandersetzung mit anderen ihre Ressourcen am besten einsetzen können.

3. Wahrnehmung und Konzentration der Ressourcen des Sozialraums und der Menschen vor Ort

„Sozialraumfahrer" sind immer auf der Suche nach den Ressourcen des Einzelnen und von Gemeinschaften. Sie machen sich auf die Entdeckungsreisen in die „unendlichen Weiten" von Möglichkeiten von Beziehungsgeflechten, einzelnen Personen und materiellen wie immateriellen Kapazitäten und gehen dahin, wo „Menschen zuvor immer schon gewesen sind" (siehe Star Trek Prolog). Es soll mit dem gearbeitet werden, was da ist. Vernetzung setzt Möglichkeiten frei und ersetzt manchmal Kapitaleinsatz, da Ressourcen gebündelt werden können. Ein Beispiel aus der Praxis in Oberasbach bei Nürnberg: Eine Initiative eines ambulanten Dienstes möchte „Klettern für Demenzerkrankte" anbieten. Eine ausgebildete Trainerin arbeitet bei dem Dienst. Es fehlt aber die teure Kletterwand. Bei einer zufälligen Begegnung stellt sich heraus, dass die örtliche Schule solch eine Wand besitzt, diese aber nicht nutzen kann, da ihr ausgebildete Trainer fehlen. Es entsteht eine Vernetzung zum Nutzen beider. Durch strukturelle und moderierte Begegnungen kann dem Zufall auf die Sprünge geholfen werden.

4. Zielgruppenübergreifendes Denken und Handeln

Eine Chance der Ressourcenorientierung und Nutzung liegt in dem Denken über die jeweilige Zielgruppe hinaus. Die seniorenfreundliche Gestaltung von Wegen und Plätzen hilft auch Menschen mit Kinderwagen und Jugendlichen mit Waveboards. Ein offenes Café kann von Senior und Seniorinnen sowie Jugendlichen genutzt werden. Menschen unterschiedlichen Alters, Herkunft und Fähigkeiten gehören zusammen und nicht jeder „in seine eigene Schachtel"!

5. Koordinierte Zusammenarbeit über Organisations- oder Strukturgrenzen hinweg

Wenn der Mensch im Mittelpunkt steht, dann müssen Organisationsinteressen und Konkurrenzdenken zurücktreten. Es geht um eine Forderung nach Großzügigkeit und einem Weiterdenken über manche Strukturgrenzen hinweg. Es gibt genügend Beispiele, bei denen gute Ansätze ins Leere liefen, weil sie an den Schnittstellen von Zuständigkeiten untergingen oder weil es genau für diese Idee keine SGB-Regelung oder keinen genau passenden Fördertopf gibt.   →

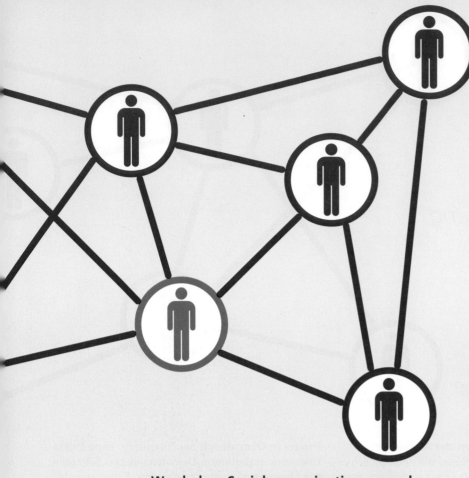

Was haben Sozialraumorientierung und Kirche und Diakonie miteinander zu tun? Ein kleiner theologischer Exkurs

Theologische Implikationen bzw. Voraussetzungen

Gott schafft den Raum (Schöpfungsraum, Garten Eden) und beauftragt die Menschen, ihn zu gestalten und zu bewahren (1. Mose 2,15).

Die Gottes-Ebenbildlichkeit (1. Mose 1,27) aller Menschen impliziert die Anerkennung der Fähigkeiten und Möglichkeiten und das Recht zur Selbstverwirklichung jedes (!) Menschen. Der Mensch ist als soziales Wesen auf Gemeinschaft ausgelegt. Individualisierung ist nicht die höchste Stufe der „Humanität". Die Gottes-Ebenbildlichkeit des Menschen besteht gerade in seiner Beziehungsfähigkeit. Gott ist ja auch nicht allein, sondern ein Beziehungswesen (Vater, Sohn und Geist).

Der Mensch ist als ein soziales Wesen in seinen Lebensraum gestellt: „Es ist nicht gut, dass der Mensch allein sei." (Gen 2,18.) Menschen kommen zu sich selbst, erleben Sinn und Lebensfreude, wenn sie mit dabei sein können und mit tun können (Teilhabe und Teilgabe).

Gottes „Sozialgesetzgebung" möchte Teilhabe und Teilgabe auch für benachteiligte Gruppen (Witwen und Waisen, Arme, 5. Mose 10,18) ermöglichen. Ein Verstoß dagegen führt zum Zorn Gottes (Amos 4,18). Gott liegen die Randgruppen besonders am Herzen, sie sind ausdrücklich Teil seines Volkes und seiner Verheißung. Bis hin zur Identifikation der Bedürftigen mit dem auferstandenen Christus (Mt. 25).

Gott begibt sich in den „Sozialraum" dieser Welt (Joh 1,14). Er wird Mensch. Diakonie und Kirche folgen dieser Bewegung Gottes, wenn sie sich auf den Sozialraum einlassen und sich nicht auf einzelne Milieus oder Frömmigkeitsformen beschränken. Diakonie kann hier Vorbild und Motor für die „Volkskirche" sein. Diakonie ist oft schon bei den Menschen, zu denen die Kirche kommen will (siehe f.i.t. Projekte wie z.B. „Auf Rädern zum Essen" in diesem Heft).

Das 4. Gebot „Du sollst Vater und Mutter ehren" ist im Kern primär nicht pädagogisch – im Sinne von „sei immer schön gehorsam gegenüber deinen Eltern" – sondern sozial intoniert. Sorge für deine Eltern, auch wenn sie sich aus eigener Kraft nicht mehr versorgen können. Es ist die Grundlegung des Generationenvertrages. Darüber hinaus ist die Daseinsvorsorge für die ältere Generation nicht nur eine individuelle, sondern eine gesamtgesellschaftliche Aufgabe. Es muss der Rahmen gesetzt werden, in dem ein engmaschiges individuelles Hilfenetz geknüpft werden kann. Aus diesen und vielen anderen Gründen sind Diakonie und Kirche von ihrem Grund und Auftrag „sozialraumorientiert".

Pfr. Carsten Fürstenberg ist Referent für Diakonie im sozialen Nahraum im Landesverband der Diakonie Bayern.

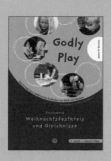

Folgen nachbarschaftlicher Entwicklungen für gemeinwesenorientierte Arbeit

Sebastian Kurtenbach

Nachbarschaft erlebt zurzeit verstärkte öffentliche Aufmerksamkeit und das, obwohl wir mittels Apps wie WhatsApp selbstverständlich digital kommunizieren, Social Media nicht mehr wegzudenken ist und wir eher über die Vorgänge im Weißen Haus als in unserer Stadt oder unserem Stadtteil medial informiert werden, auch weil immer mehr Lokalredaktionen schließen. Doch ist die Nachbarschaft Teil des alltäglichen Erfahrungsraums eines Menschen, der einen Einfluss auf seine Lebensgestaltung hat. Für die sozialen Berufe ist die Wiederentdeckung der Nachbarschaft hilfreich, eben weil sie eine prägende Wirkung entfalten kann. Um die Dynamiken von Nachbarschaft aber zu verstehen, sollten drei Entwicklungen mitbedacht werden.

Erstens ist die soziale Polarisierung vor allem der Großstädte nicht mehr zu übersehen. Arm und Reich driften immer stärker auseinander und das zeigt sich nun einmal auch räumlich. Denn bei aller Rhetorik, dass Nachbarschaft unwichtig sei, sehen wir umgekehrte Tendenzen bei der Wohnstandortwahl, vor allem einkommensstarker Haushalte. Diese wohnen, wo sie möchten, einkommensschwache Haushalte, wo sie können, und das immer seltener Tür an Tür. In einer Studie über 74 Kommunen in Deutschland haben Helbig und Jähnen vom Wissenschaftszentrum Berlin[1] gezeigt, dass diese Polarisierung in den letzten Jahren tatsächlich zugenommen hat. Doch leben nicht nur arme und reiche Haushalte immer seltener nebeneinander, gleiches gilt auch für Jung und Alt. Zumindest für die Großstädte bedeutet das, dass Kinder immer häufiger unter den Bedingungen räumlich konzentrierter Armut aufwachsen. Die Kinderstube unserer Städte wird zusehends ihr Armenhaus, was wir aber schon seit den 1990ern wissen. Im Umkehrschluss bedeutet dies, dass sich Nachbarn immer ähnlicher werden, was den nachbarschaftlichen Kontakt vereinfacht. Die soziale Polarisierung bringt also den paradoxen Effekt mit sich, dass nachbarschaftlicher Kontakt leichter fallen kann.

Zweitens löst die Orientierung an Nachbarschaft das Versprechen der Übersichtlichkeit ein. Ob nun tatsächlich oder wahrgenommen, unsere soziale Welt wird für viele Menschen immer komplizierter und wirkt verunsichernd. Dadurch gewinnt das Nahumfeld eines Menschen etwas Stabilisierendes. Selbst wenn Menschen nicht so häufig regelmäßigen Kontakt mit ihren Nachbarn haben, sind sie häufig zufrieden mit ihrer Nachbarschaft, was Umfragen zeigen, wie zuletzt der „Radar gesellschaftlicher Zusammenhalt" der Bertelsmann Stiftung[2]. Das wiederum bedeutet, dass diese emotionale Ebene als Quelle zur Unterstützung von Menschen oder einfach der Steigerung des Wohlbefindens genutzt werden kann. Positive Erlebnisse in der Nachbarschaft, wie ein Stadtteilfest, können das Vertrauen in die Nachbarschaft stärken.

Drittens ermöglicht Nachbarschaft persönlichen Kontakt, was auch in Zeiten selbstverständlicher digitaler Kommunikation im Alltag als wichtig angesehen wird. Dabei sind digitale Kommunikation und persönlicher Austausch nicht unbedingt ein Gegensatz, sonst würden Dating-Angebote wie Tinder nicht funktionieren. Auch gibt es mittlerweile große digitale Plattformen, wie nebenan.de oder nextdoor.com, für nachbarschaftlichen Austausch. Auf diesen Plattformen ist man mit Klarnamen zu sehen und kann nur mit Menschen aus seiner Nachbarschaft kommunizieren. Das hilft nicht nur dem nachbarschaftlichen Austausch, sondern reduziert auch Hate Speech. Doch auch auf Facebook finden sich teils sehr große Gruppen zu einzelnen Stadtteilen, in denen Informationen über Veranstaltungen, lokale Nachrichten oder Verkaufsangebote gepostet werden. Für die gemeinwesenorientierte Arbeit bedeutet dies, dass digitale Angebote durchaus nützlich sind, denn Social Media Posts erreichen in der Regel mehr Menschen als Aushänge in Schaukästen, was aber auch altersabhängig ist. Allerdings ist zu sehen, dass Fachkräfte häufig vor digitaler Kommunikation zurückschrecken und das aus mehreren Gründen, wie eine geringe Kompetenzen im Umgang mit digitalen Medien oder Einschränkungen seitens der Träger, bei denen sie arbeiten. Bei allen Bedenken gegenüber digitaler Kommunikation ist hervorzuheben, dass eine Verweigerung digitaler Kanäle die Lebensrealitäten des Großteils der Bevölkerung ignoriert.

Alle drei Entwicklungen zeigen, dass Nachbarschaft eine soziale Bedeutung hat, die aber weiter zu konkretisieren ist. Es ist zum Beispiel nicht egal, wo ein Kind aufwächst, da mit der Adresse eines Kindes auch die Qualität öffentlicher Einrichtungen variiert. Häufig sind die besten Schulen nicht dort anzutreffen, wo die meisten Kinder leben, sondern die meisten einkommensstarken Haushalte. Solche Nachbarschafts- oder auch Kontexteffekte werden seit vielen Jahren untersucht, mit dem Ergebnis, dass wir wissen, dass arme Stadtteile Arme ärmer machen, Normen in der Nachbarschaft vermittelt werden und das Wohlbefinden, in Abhängigkeit von der eigenen Lebensphase, durch die Nachbarschaft mitbestimmt wird. Nachbarschaft ist damit zwar Vermittler von Lebenschancen, aber häufig nur indirekt Adressat sozialer Projekte und dies oft nur im Zuge von Stadtentwicklungsmaßnahmen wie dem Programm Soziale Stadt, in dem Wohngebiete mit baulichen Problemen und einer benachteiligenden Sozialstruktur für einige Jahre gezielt gefördert werden.

Nun stellt sich die Frage, wie Nachbarschaft überhaupt gefördert werden kann, denn häufig sind die zur Verfügung stehenden Mittel sehr begrenzt. Um eine benachteiligende Wirkung von Wohngebieten einzugrenzen oder positive Effekte zu ermöglichen, kann in nachbarschaftliches Vertrauen investiert werden. Hier kann auf dem Forschungszweig zu kollektiver Wirksamkeit aufgebaut werden, ein Konzept aus der sozialwissenschaftlichen Stadtforschung, das in den USA entwickelt wurde. Die Grundannahme ist, dass wenn der Nachbarschaft als Kollektiv (nicht dem einzelnen Nachbarn) vertraut wird, dann ist man bereit, beispielsweise im Falle von Kriminalität einzuschreiten. Das heißt nicht unbedingt, direkt zu intervenieren, aber zum Beispiel die Polizei zu rufen. Einfach gesagt fühlt man sich stark in seiner Nachbarschaft, durch seine Nachbarschaft und vertraut auf die gemeinsamen Normen und den Willen, sich gegenseitig zu unterstützen. Nachbarschaftliches Vertrauen aufzubauen ist vor allem Arbeit im Alltag und mit kleineren und unmittelbaren Projekten, was auch aktive „Kümmerer" wie Sozialarbeiter braucht. Das sind vor allem solche Projekte, die zum einen Nachbarn zusammenbringen und zum anderen einen unmittelbaren Nutzen erzeugen. Beispiele sind, auch wenn sie nicht neu sind, gemeinsame Renovierung von Fluren, Aufräumen von Spielplätzen oder Organisation von Veranstaltungen. Dabei ist nicht unbedingt das Ziel entscheidend, sondern, dass das Ziel durch gemeinsames Handeln erreicht wird.

Quellen

1   https://www.wzb.eu/de/pressemitteilung/arm-und-reich-jung-und-alt-immer-seltener-tuer-an-tuer

2   https://www.bertelsmann-stiftung.de/de/publikationen/publikation/did/sozialer-zusammenhalt-in-deutschland-2017/

Dr. Sebastian Kurtenbach ist Vertretungsprofessor für Politikwissenschaften / Sozialpolitik mit dem Schwerpunkt Kommunalpolitik und kommunale Sozialpolitik an der Fachhochschule Münster.

ZURÜCKGEBLÄTTERT ZUM THEMA DIESES HEFTES

in: Die Christenlehre 26/1973, U171 und 174 f.

Die anderen annehmen

Denkt man über das Problem nach, warum viele Menschen der Kirche ablehnend gegenüber stehen, so wird man unter anderem auf einen viel allgemeineren Sachverhalt stoßen, der den Umgang der Menschen miteinander vielfältig bestimmt: Die Menschen neigen dazu, sich gegenseitig auf ein bestimmtes „Bild vom anderen" festzulegen, von einmal gefassten Meinungen her zu urteilen … und dadurch die für das Zusammenleben nötige Offenheit den anderen gegenüber zu verlieren. (Nach Mark. 6,1–6 über die Bürger von Nazareth:) Jesus verwundert sich über die totale Verschlossenheit seiner Mitbürger. Ihr fertiges Bild von ihm erstickt jede Möglichkeit des Glaubens … Dabei kann eine Grunderfahrung menschlichen Zusammenlebens wiederentdeckt werden: Durch gegenseitiges Festlegen wird die nötige Offenheit dem anderen gegenüber unmöglich gemacht. Den Kindern soll deutlich werden, wie diese Erfahrungen mit dem, was wir über den Glauben sagen, zusammenhängen. Dabei kann die Erkenntnis gefördert werden, dass der Glaube stets auf neues Hören und Sehen, auf das Gespräch angewiesen ist, ebenso wie auch das Miteinander der Menschen die Offenheit füreinander benötigt.

Brigitte und Götz Doyé

„Nachbarn in den Berufen" –

Wie die ELKB das gelingende Miteinander der Berufsgruppen in der Kirche fördert

Stefan Ark Nitsche

„Es kann der Frömmste nicht in Frieden leben, wenn es dem bösen Nachbarn nicht gefällt." Dieses Zitat aus Friedrich Schillers „Wilhelm Tell" hat in seinem Ursprung überhaupt nichts mit dem Miteinander der kirchlichen Berufsgruppen zu tun, aber vielleicht bringt es bei dem einen oder der anderen in diesem Kontext etwas zum Klingen. Es kann eine der beglückendsten Erfahrungen im kirchlichen Dienst sein, wenn berufsübergreifende Teams Hand in Hand und Kopf mit Kopf mit den je eigenen Zugängen etwas auf die Beine stellen und Kirche gestalten. Es gehört aber auch zu den „Klassikern des Verdrusses" im kirchlichen Dienst, dass das Miteinander der Berufsgruppen eher als ein Übereinander, Nebeneinander oder gar Gegeneinander erlebt wird. Gerade in benachbarten Berufen, eine besonders große Vielzahl davon gibt es etwa im Bereich der gemeindepädagogisch Tätigen, braucht es gute Klärungen und Rahmenbedingungen für ein gelingendes Miteinander.

In der Evangelisch-Lutherischen Kirche in Bayern (ELKB) haben wir daher das „Miteinander der Berufsgruppen" ganz offiziell und mit einem breit angelegten Beteiligungsprozess zum Thema gemacht, eingebettet in den landeskirchlichen Reformprozess „Profil und Konzentration".

Für diesen landeskirchlichen Zukunftsprozess wurden ein strategischer Hauptleitsatz und fünf konzentrierte Grundaufgaben[1] der heutigen Kirche formuliert. Diese Grundaufgaben sind der Einstieg in eine Diskussion über den Auftrag der Kirche, die Schwerpunkte kirchlicher Arbeit und die Frage, wer diese Arbeit gut und gerne tun kann. Das Fragen nach den konkreten Aufgaben schlägt die Brücke vom Auftrag der Bibel zu den Bedürfnissen der Menschen. Wir fragen nicht in erster Linie nach dem Erhalt bisheriger kirchlicher Arbeitsformen, sondern öffnen den

Blick für mögliche neue Wege. Im Sinne des strategischen Hauptleitsatzes: „Die ELKB gibt Zeugnis von der Liebe des menschgewordenen Gottes. Sie orientiert sich am Auftrag der Heiligen Schrift und organisiert ihre Arbeitsformen und ihren Ressourceneinsatz konsequent auf das Ziel hin, dass Menschen mit ihren heutigen Lebensfragen einen einfachen Zugang zu dieser Liebe finden."

Den strategischen Leitsatz des Reformprozesses ernstnehmen, heißt, konsequent in doppelter Blickrichtung vom Auftrag und von den Menschen auszugehen, vom Auftrag der Kirche und den daraus entwickelten fünf Grundaufgaben und von den Menschen mit ihren heutigen Lebensfragen, ihren Lebens- und Sozialräumen her zu denken und so die Herausforderungen der nächsten Jahre anzugehen.

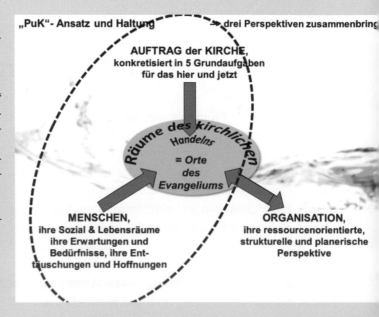

Erst das Miteinander aller Perspektiven ermöglicht den nächsten Schritt: den kritischen Blick auf die aktuelle Organisation der Kirche, ihre Arbeitsformen und ihren Einsatz der anvertrauten Ressourcen an Gaben, Personal und Finanzen. Mit diesem Blick und mit den vielen Erfahrungen, Rückmeldungen und Erprobungen der vergangenen Jahre ausgerüstet, steht in der ELKB nun das konsequente Miteinander der verschiedenen landeskirchlichen Prozesse („Landesstellenplanung", „Profil und Konzentration", „Miteinander der Berufsgruppen", „RU 2026") an. Die verschiedenen Prozesse waren bisher schon aufs Engste verknüpft und sollen nun in der Umsetzungsphase weiterhin voneinander profitieren bzw. ein Handeln „aus einem Guss" ermöglichen.

Konkret arbeiten wir intensiv an der Verknüpfung der Umsetzungsmaßnahmen, z.B. in der Vorbereitung der Landesstellenplanung, in der Gewinnung neuer Mitarbeitender in allen Berufen (auch in Kooperation mit anderen Landeskirchen) und in der Aus-, Fort- und Weiterbildung. Deshalb sind wir gerade dabei konkrete gemeinsame Arbeitspakete zu definieren, wie zum Beispiel eine AG „Erprobungsgesetz für Rahmenbedingungen zur Umsetzung der Landesstellenplanung bei berufsübergreifenden Stellenausschreibungen und Besetzungen". Das Miteinander braucht konkrete Orte. Der „Runde Tisch der Berufsgruppen" soll dazu weiterentwickelt werden, mit Mandat und Auftrag. Für Dekanatsbezirke werden Modelle für das konkrete Miteinander in unterschiedlichen Teams vor Ort entwickelt und angeboten.

Erfolgsfaktoren für die angestrebte Erneuerung sind die Emanzipation der unterschiedlichen kirchlichen Berufsgruppen und die Neuordnung ihres Verhältnisses untereinander bei der kirchlichen Aufgabenerfüllung. Für die Berufsgruppen sind neue, verantwortungsorientierte Rollenbeschreibungen zu entwickeln. Für alle muss es persönliche Entwicklungs- und Weiterbildungsmöglichkeiten geben. Für die gemeinsame Arbeit ist der Teamgedanke in den Mittelpunkt zu stellen.

Als zentrale Themen des Miteinanders wurden im Verlauf unseres Prozesses definiert:

- Kultur des Miteinanders: Respekt vor der Qualifikation der anderen
- Tarifrechtliche Unstimmigkeiten beseitigen
- Transparente und faire Besoldungsstrukturen schaffen innerhalb der Berufsgruppen und im Vergleich der Berufsgruppen zueinander
- Teamarbeit und Führung im Team etablieren
- Stellenprofile und persönliche Berufsprofile flexibel aufeinander beziehen.

Das „Miteinander der Berufsgruppen" ist aber nicht nur eine Frage von Organisationsentwicklung und Prozessmanagement, es hat vor allem eine theologische Dimension. Im Verlauf des Konsultationsprozesses unseres Projektes kristallisierten sich die paulinischen Wortpaare „Verschiedene Gaben, ein Geist. Ein Leib, viele Glieder. Verschiedene Dienste, ein Herr." als leitend heraus. Das Ja-Sagen zum paulinischen Bild von der Vielfalt und Verschiedenheit in der Einheit des Leibes heißt Ja zu sagen zu jedem Glied. Ja sagen zu einer solchen Gestalt von Kirche heißt, Ja zu sagen zu allen, die sich in ihr für ihren Auftrag in dieser Welt engagieren, heißt Ja zu sagen zum Miteinander aller Berufe in unserer Kirche mit allen ihren Qualifikationen, Kompetenzen, Gaben und Erfahrungen- ohne geistlich begründeten Unterschied.

Anmerkung

1 • Christus verkündigen und geistliche Gemeinschaft leben
  • Lebensfragen klären und Lebensphasen seelsorgerlich begleiten
  • Christliche und soziale Bildung ermöglichen
  • Not von Menschen sichtbar machen und Notleidenden helfen
  • Nachhaltig und gerecht haushalten

www.berufsgruppen-miteinander.de

Prof. Dr. Stefan Ark Nitsche, geb. 1955, ist seit 2006 Regionalbischof im Kirchenkreis Nürnberg in Stellenteilung mit seiner Ehefrau. Seit 2011 ist er Apl. Professor für Altes Testament an der Augustana Hochschule Neuendettelsau und lehrt an der FAU Erlangen. In den Jahren 2013–2016 hatte er die Leitung des Prozesses „Berufsbild: Pfarrer/Pfarrerin" inne und seit 2017 die Leitung des Prozesses „Miteinander der Berufsgruppen".

Wenn zwei sich streiten, schlichtet der Dritte

Mediation kann verbissene Streithähne dazu bringen, sich wieder zuzuhören

Jörg Machel

Nachbarn leben nicht immer friedlich zusammen – im Gegenteil. Das kennen wir auch in den Gemeinden. Gerade in den enger werden Lebensräumen der Städte nehmen die Konflikte zwischen direkten Nachbarn zu. Und mit ihnen ihre Intensität, die bis hin zu Gewalt führen kann, sprachlich ohnehin, aber auch körperlich immer häufiger. Gewalt freilich kennt nur die Alternative von Sieg oder Niederlage. Die Mediation kennt eine dritte Möglichkeit – sie strebt Lösungen an, bei denen beide Seiten gewinnen. Die Methode, dies zu erreichen, ist das Gespräch der Parteien. Viele zweifeln daran, dass das gelingen kann. Die meisten Konflikte zeichnen sich ja gerade dadurch aus, dass schon viel zu viel geredet wurde und dass der Streit gerade dabei eskaliert ist. Wie sollte es ausgerechnet einem Mediator gelingen, dies zu ändern?

Das Erfolgsrezept des Mediators ist einfach: Er sorgt für einen Rahmen, in dem anders geredet wird, als die Gegner dies normalerweise tun. Er strukturiert den Streit. Zuerst aber fordert er den Kontrahenten etwas ab, was die schon ganz aus ihrem Blick verloren hatten: nämlich eine Einigung. Die Zerstrittenen müssen gemeinsam und freiwillig in die Mediation einwilligen. Sie müssen Ergebnisoffenheit und einen wertschätzenden Umgang akzeptieren. Das ist schon ein großer Schritt in einem eskalierten Streit und bildet bereits den Keim einer Lösung. Warum sollten zwei Parteien, die zu einer solchen ersten Gemeinsamkeit gelangt sind, nicht auch noch eine zweite und dritte Vereinbarung treffen können? Es ist eine weitere grandiose Erfahrung für sie, bei der Mediation endlich einmal ausreden zu dürfen, nicht sofort mit einer Gegenrede rechnen zu müssen. Noch besser geht es ihnen, wenn der Mediator die eigenen Ausführungen noch einmal mit seinen Worten wiederholt und man so die eigene Position in ganz neuem Lichte sieht. Das macht es dann sogar erträglich, auch der Gegenpartei zuhören zu müssen, obwohl man doch so viel einzuwenden hätte. Und ganz unversehens kommt es dazu, dass neben den unerträglichen Verzerrungen, die einem die Gegenseite zumutet und die man ja schon seit langem kennt, der eine oder andere neue Satz fällt.

Zu ganz neuen Einsichten kommen Menschen, wenn sie nach ihren Interessen und Wünschen befragt werden. Über das, was sie wollen, was ihnen wirklich wichtig ist, haben sie nur selten nachgedacht. Meist kreisen ihre Gedanken um Ansprüche und Positionen, die ihnen unumstößlich scheinen. Doch genau da liegt der Schlüssel für das Gelingen einer Mediation. Aus diesen Interessen lassen sich Optionen entwickeln, aus denen die Lösung entsteht. Mediation heißt vor allem, Menschen zum Reden und Zuhören zu bringen und ihnen dann die Kompetenz zuzugestehen, daraus eine ihnen angemessene Vereinbarung zu entwickeln.

Eine kleine Geschichte bringt dies auf den Punkt: Zwei Köche streiten sich um die letzte Orange. Um den Streit gerecht zu schlichten, teilt der Richter die Frucht in der Mitte durch. Der Mediator fragt zuerst nach den Interessen der beiden und erfährt, dass der eine Koch das Fruchtfleisch zum Garnieren braucht, der andere hingegen braucht die Schale der Frucht zum Backen. Es liegt auf der Hand, auf welche Lösung sich die Köche einigen werden.

Jesus hat der Kirche kein Lehrgebäude hinterlassen, sondern eine Lebenspraxis, die für die dialogisch arbeitende Mediation eine Vielzahl von Anknüpfungsmöglichkeiten bietet. Geradezu klassisch mediativ ist Jesu Verständnis der Sabbatfrage: Dem Vorwurf der Pharisäer, dass er es mit der Einhaltung der Sabbatruhe zu locker nehme, begegnet Jesus mit einer Umorientierung von den Positionen hin zu den Interessen. „Der Sabbat ist um des Menschen willen gemacht und nicht der Mensch um des Sabbats willen", sagt er und gibt der Diskussion über die Einhaltung der Sabbatruhe damit einen ganz neuen Rahmen.

www.zoffoff.de

Jörg Machel ist Pfarrer i.R. in Berlin-Kreuzberg und Absolvent des Master-Studiengangs Mediation an der Europa-Universität Viadrina in Frankfurt/Oder. Den Verein zur Konfliktklärung im Kiez ZoffOff in Berlin-Kreuzberg hat er mitgegründet (www.zoffoff.de).

friedensklima

Ökumenische FriedensDekade 2019

Thomas Oelerich

Seit über 35 Jahren erarbeitet ein Team von Theologinnen, Gemeindereferenten, Redakteurinnen und Pädagogen Arbeits- und Aktionsmaterialen zur Gestaltung der bundesweit durchgeführten Ökumenischen FriedensDekade, die seit dem Jahr 1980 traditionell in den zehn Tagen vor dem Buß- und Bettag im November durchgeführt wird.
Jedes Jahr wird ein spezifisches Thema aufgegriffen, das im weitesten Sinne die drei zentralen Arbeitsfelder der Ökumenischen FriedensDekade widerspiegelt: Frieden, Gerechtigkeit und die Bewahrung der Schöpfung. Das jeweilige Jahresthema findet seine Umsetzung in der Festlegung auf ein grafisches Jahresmotiv sowie in der Erarbeitung umfangreichen Arbeitsmaterials, das sich hervorragend in der Gemeindearbeit, in der Schule wie in der Friedensarbeit einsetzen lässt.

Zentrales Thema 2019: Frieden und Klima (*friedens*klima) Mit dem diesjährigen Jahresmotto „*friedens*klima" haben die verantwortlichen Organisationen ein Thema ausgewählt, das hochbrisanter kaum sein könnte, was seinen Ausdruck in den aktuellen Debatten um den Klimawandel oder in den Fridays-for-Future-Protesten findet. Die Verbindung der beiden Worte „Frieden" und „Klima" im diesjährigen Motto „*friedens*klima" will ins Bewusstsein rufen, dass beide Aspekte unmittelbar zusammengehören. Denn der Klimawandel hat auch das Potenzial, Konflikte herbeizuführen und zu verschärfen und damit den Frieden zu gefährden. Auch dieses Thema greift die Ökumenische FriedensDekade in diesem Jahr auf, nicht ohne auf die vielfältigen Möglichkeiten aufmerksam zu machen, wie jede/r Einzelne sich für das Klima engagieren und für ein menschliches Miteinander in der Austragung unterschiedlicher Ansichten einsetzen kann.

Umfangreiches Materialangebot für die Gemeindepraxis

Zentrales Angebot der Ökumenischen FriedensDekade ist ein sogenanntes „Gesamtpaket". Darin enthalten ist ein 60-seitiges Arbeitsheft mit Themenartikeln zum Jahresmotto, Bausteine für die Gottesdienstgestaltung, mit Textmaterialien für den Einsatz in der Erwachsenenbildung, der Firm- und Konfirmandenvorbereitung oder für den Einsatz im Schulunterricht. Neben dem Arbeitsheft gibt es eine achtseitige FriedensZeitung, ein Leporello mit Anregungen für Andachten oder Gebete zu jedem der zehn Tage der FriedensDekade, ein Din A4-Plakat, Miniaufkleber, ein Postkartenset, der Aufkleber „Schwerter zu Pflugscharen" sowie der Bittgottesdienst für den Frieden 2019, der jedes Jahr von der Evangelischen Kirche in Deutschland (EKD) und der Evangelischen Arbeitsgemeinschaft für Kriegsdienstverweigerung und Frieden (EAK) herausgegeben wird. Der Gesamtpreis für das umfangreiche Paket beträgt 25,80€.
　Eine weitere Besonderheit: Auch in diesem Jahr enthält das „Gesamtpaket" einen eigenen USB-Stick, auf dem zahlreiche Texte der Arbeitsmappe, aber auch zusätzliches Material zu finden sind.

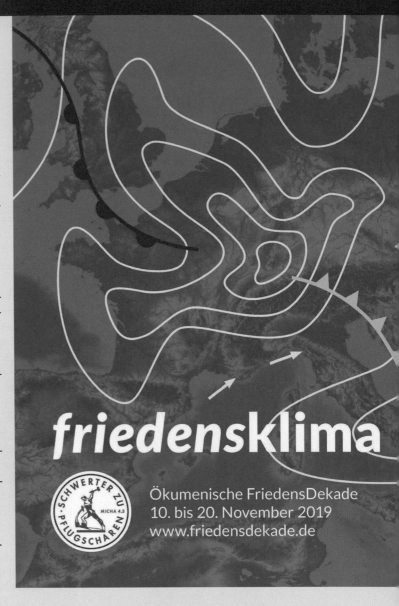

friedensklima

Ökumenische FriedensDekade
10. bis 20. November 2019
www.friedensdekade.de

Alle Materialien des Gesamtpaketes werden durch zusätzliche Angebote ergänzt (Plakatversionen in unterschiedlichen Größen, Bierdeckel und Buttons mit dem Schwerter-zu-Pflugscharen-Symbol, kleine Streichholzschächtelchen mit dem Jahresmotiv, dem jährlichen Filmangebot, Aktionsbanner, Friedensfahne u.v.m) und helfen, Aufmerksamkeit für das Friedensthema zu wecken.

Alle Materialien sind über die Website der Ökumenischen FriedensDekade bestellbar:

www.friedensdekade.de

Thomas Oelerich, Kath. Diplomtheologe, ist zuständig für Kommunikation und Marketing in der Ökumenischen FriedensDekade. Er ist Referent für Kommunikation und Fundraising beim Forum Ziviler Friedensdienst (forumZFD) in Köln.

Wie soll ich dich empfangen?

Adventswerkstatt

Ingrid Piontek

Advent erleben – mit einem uralten Lied?

Inmitten von Dominosteinen und Lebkuchenherzen, Lichterketten und Adventskränzen entwickelt sich Vorfreude auf – Atmosphäre und Gemütlichkeit, Kerzen und Düfte, friedliche und liebevolle Stimmung; da ist Sehnsucht nach Nähe und Geborgenheit. Ist *das* Advent? Was heißt Advent eigentlich? Advent heißt Ankunft. Ankunft? Von Frieden und Liebe, Nähe und Geborgenheit? In Gottes Namen, ja! Begreifbar nahe in dem Kind Jesus. Kommt das an, kommt er an bei mir? Da ergibt sich eine weitere Advents-Frage: Wie empfängt man denn einen Ankommenden?

Liebevoll empfangen zu werden ist wunderbar und liebevoll jemanden zu empfangen, ist genauso wunderbar – wenn beide Seiten herzlich zueinander stehen. Erinnern Sie sich, wie Sie den Partner, die Freundin, die Kinder, den Besuch am Bahnhof oder zu Hause aufgeregt und erwartungsvoll empfangen haben? Ein liebevoll gedeckter Tisch, frisch bezogene Betten, Blumen und Getränke im Gästezimmer zeigen: Du bist willkommen! Ankunft und Empfang stehen in Beziehung. Was macht man sich da für Gedanken, damit alles schön ist und es der Person gefällt, die man empfangen will. Vielleicht so:

Empfangsgeschichte unvollendet: Ankunft und Empfang

(Empfehlung: Für die Arbeit mit Kindern kann eine Geschichte helfen, in das Thema „Empfang" einzusteigen.)
Aufgeregt zappelt Nina durch die Wohnung, vom Kinderzimmer ins Wohnzimmer, ans Fenster, in die Küche, ans Fenster, durch den Flur, die Treppe hinunter, an die Haustür, vor die Haustür, Ausschau: Wo bleibt sie denn? Immer noch nicht da? Wann kommt sie denn endlich an? Nina wartet auf Mama. Vier lange Wochen war sie weg zur Kur. Und Nina hat sie so sehr vermisst. Heute kommt Mama wieder nach Hause. Die Ankunft von Mama muss gefeiert werden! Wie kann sie Mama einen richtig großartigen Empfang bereiten? Worüber würde Mama sich freuen? Da fällt Nina etwas ein …

Eine andere Empfangssituation wird in der Übertragung des Adventsliedes „Wie soll ich dich empfangen?" dargestellt.
Wie soll ich dich empfangen? Auszug der Übertragung von Paul Gerhardts „Wie soll ich dich empfangen" (I. Piontek 2012)

1
Wie sag ich dir „Willkommen", wie „Jesus, komm herein"?
Ich habe große Sehnsucht, mit dir glücklich zu sein.
Lass mir ein Licht aufgehen, was wichtig ist bei dir,
so kann ich klarer sehen, willkommen bist du mir.

2
Den roten Teppich rollte ich dir im Herzen aus.
Für immer, Jesus, wollte ich: Sei bei mir zu Haus.
Ich sag dir immer wieder: Wie großartig bist du!
Ich sing begeistert Lieder dir. Jesus, hör mir zu.

4
Fühle ich mich gefangen – du kommst und machst mich frei.
Werde ich übergangen, dann steh mir bitte bei.
Für dich bin ich ganz wichtig, sehr wertvoll bin ich dir.
Bei dir fühl ich mich richtig - den Reichtum schenkst du mir.

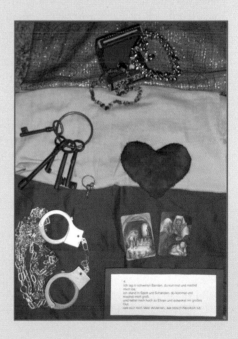

6
Wenn Traurigkeit und Sorgen mein Leben überzieh'n,
und wenn mir graut vor morgen, wo soll ich damit hin?
Dann bist du in der Nähe und gibst mir wieder Mut,
Auch wenn ich noch schwarzsehe, dein Nahesein tut gut.

Paul Gerhardts Empfangsfrage

Der Inhalt ist geborgt von einem wertvollen Original, nur die Worte sind verändert worden. Klar: Das ist Paul Gerhardts Lied aus dem Jahr 1653 „Wie soll ich dich empfangen" und es geht nicht um irgendeinen Gast, es geht um Jesus. Wenn man diese hingebungsvollen, liebenden Worte singt, könnte man glauben, den Liederdichter hätte das Leben wohl gestreichelt. Das hört sich doch an, als hätte er nur Gutes von

IHM bekommen. Und wenn alles glatt geht, kann man sich so einen herzlichen Empfang vorstellen. Da kann man so singen. Oder?

Paul Gerhardt wird 1607 in Gräfenhainichen bei Wittenberg geboren. Als er 12 Jahre alt ist, stirbt seine Mutter. Als er 14 Jahre alt ist, stirbt auch sein Vater und er ist Vollwaise. Paul Gerhardt studiert Theologie, mitten im Dreißigjährigen Krieg. Er erlebt Pest, Seuchen, Feuer, Gewalt, eigentlich genug Gründe, um Fragen an Gott zu stellen, verzweifelte und anklagende. Stattdessen macht er eine Entdeckung: Er dichtet Lieder und verarbeitet damit das Leid, das er erlebt. Er dichtet Kirchenlieder, die vom Kantor Johann Crüger vertont werden. Mit 48 Jahren heiratet er Anna Berthold. Seine Frau stirbt nach 13 Jahren Ehe. In dieser Zeit haben sie fünf Kinder bekommen. Vier Kinder beerdigt Paul Gerhardt. Dann verliert er seine Pfarrstelle in Berlin. Er wird entlassen. Gemeindeglieder protestieren und haben beinahe Erfolg. Aber Paul Gerhardt geht nach Lübben und arbeitet dort als Pfarrer bis zu seinem Tod. Keine Bilderbuchbiografie. Und trotzdem oder gerade deshalb findet er starken Trost und neuen Lebensmut im Glauben. (Quelle: http://www.paul-gerhardt-gesellschaft.de/Lebenslauf.php)

Sein Fazit:
„Wenn Traurigkeit und Sorgen mein Leben überzieh'n,
und wenn mir graut vor morgen, wo soll ich damit hin?
Dann bist du in der Nähe und gibst mir wieder Mut.
Auch wenn ich noch schwarzsehe – dein Nahesein tut gut."

Da ist eine persönliche Beziehung zu Gott, der als Helfer in den schwärzesten Stunden nahe ist. Dem Adventslied „Wie soll ich dich empfangen" ist das abzuspüren. Man kann Gott, man kann Jesus auch empfangen, wenn man zerrissen und traurig ist. Paul Gerhardt hat erfahren, dass man hauptsächlich aufmachen muss beim Empfang. Dann kann man erleben, was Jesus mitbringt: wohltuende Nähe ohne Forderungen, liebevoll angenommen zu sein, seinen Frieden zu finden. Auch deshalb stellt Paul Gerhardt sich die Frage, wie er Jesus empfangen kann.

Entdeckungsreise durch das Lied „Wie soll ich dich empfangen" anhand von Stationen

Ein Liedblatt mit den Originalstrophen des Liedes (EG 11, 1,2,4 und 6) und der Übertragung begleiten die Teilnehmenden auf ihrer Stationsreise. Je nach Zielgruppen, Zeit und Interessen werden Stationsbausteine ausgewählt und zusammengestellt.

Stationsbausteine

„Empfang" – Geschichte für Kinder schreiben
Der Begriff „Empfang" ist nicht allen Kindern vertraut. Schreiben Sie eine Geschichte, die deutlich macht, was „empfangen" heißen kann.
Variante: Schreiben Sie die angefangene Geschichte von Nina zu Ende.

Material: Stifte, Papier bzw. Kopien der unvollendeten Empfangsgeschichte

Bildliche Darstellung von Liedstrophen
Setzen Sie einen Aspekt oder mehrere Strophen des Liedes „Wie soll ich dich empfangen" ins Bild. Tauschen Sie sich mit den anderen an dieser Station über Ihre Bilder aus.

Material: Weißer und schwarzer Tonkarton / Fotokarton, Wachsmalstifte, Ölkreide, Acrylfarben, Pappstreifen und Schwamm für Spachteldruck

Spachteltechnik: Wählen Sie weißen Zeichenkarton oder farbigen Tonkarton als Untergrund. Feuchten Sie den Untergrund leicht mit einem Schwamm an; Acrylfarbe trocknet schnell. Falten Sie einen Pappstreifen. Streichen Sie das vordere Stück am Falz mit Farbe ein und drucken Sie es auf den Untergrund. Ziehen Sie die Farbe mit dem Pappstreifen ab wie mit einem Spachtel. Erzeugen Sie Muster durch Drehung oder Striche durch Abziehen auf der Pappstreifenkante. Sie können auch Metallspachtel verwenden. An Stelle von Acrylfarben sind auch Abtönfarben möglich.

Kreatives Schreiben – „Wie soll ich dich empfangen"?
Suchen Sie eine Variante aus, um der Antwort näher zu kommen.

A) Schreiben Sie ein Elfchen zum Thema „Empfangen".
1. Zeile: ein Wort   ------
2. Zeile: zwei Worte   ------ ------
3. Zeile: drei Worte   ------ ------ ------
4. Zeile: vier Worte   ------ ------ ------ ------
5. Zeile: ein Wort   ------

B) Wählen Sie eine Perspektive, aus der Sie den Empfang beschreiben (verunsichert, begeistert, verärgert, distanziert, hoffend …).
    Was würden Sie tun, wenn Gott sich ankündigt?
    Wie würden Sie den Empfang gestalten?
    Was würden Sie ihm sagen wollen?
    Halten Sie Ihre Gedanken in einem Brief fest.

Material: Papier, Stifte

Willkommenssymbol – Türschmuck
Gestalten Sie als Willkommenssymbol eine Kugel für den Empfang an der Tür. Dazu eignen sich fair gehandelte Pappmachekugeln aus Indien (www.weihnachtenweltweit.de). Die Kugeln können bemalt oder beklebt werden mit Schnipseln von gebrauchtem Geschenkpapier.

Material: Kugelrohlinge weiß/natur, Unterlage, Farben, Pinsel, Gläser, Tapetenkleister, Geschenkpapier-Reste

Türschild „Willkommen"

Stellen Sie ein Willkommensschild aus Holz für die Wohnungstür her. Schreiben Sie Ihr „Willkommen" mit Brandmalerei auf eine Baumscheibe oder sägen Sie ein Schild nach eigenen Vorstellungen aus Sperrholz aus.

Material: Schräg geschnittene Baumscheiben, Bleistifte, Sperrholz, Laubsäge und Halterung, Löt- und Brandmalkolben-Set

Empfang mit allen Sinnen

Gestalten Sie eine Empfangsecke, in der Advent/Ankunft/Empfang mit allen Sinnen erlebt werden kann – Advent zum Sehen, Schmecken, Hören, Riechen, Fühlen. Falls die vorigen Besucher und Besucherinnen der Station schon alles fertig gestaltet haben, können Sie sich in diese Ecke setzen und bewusst wahrnehmen und genießen.

Material: Warme Decke, Adventskranz zum Zusammenbauen, Kerzen, Düfte (Zimt, Nelken, Anis, Orange, Tanne), Adventstee, Dominosteine, besinnliche Musik

Liedstrophen legen und fotografieren

Wählen Sie eine oder mehrere Strophen des Liedes. Gestalten Sie diese mit entsprechenden Symbolgegenständen auf einem einfarbigen Tuch. Legen Sie den Text der gestalteten Strophe dazu. Fotografieren Sie die Strophe. Legen Sie bitte danach die Materialien zurück. Alle entstandenen Fotos können am Ende gemeinsam angeschaut werden.

Material: Einfarbige Tücher, viele Symbolgegenstände, Handy, Kabel, Laptop, Beamer

Alle Fotos: PTI, I. Piontek

Maria auf Empfang – Stillestation

„Wie soll ich dich empfangen und wie begegne ich dir?" Lassen Sie diese Ikone in Stille auf sich wirken. Was bedeutet für Sie „Aufmachen" und „Gott mit uns" empfangen?

Gethsemanekloster Riechenberg bei Goslar
Das Bild ist im Gethsemanekloster Riechenberg bei Goslar als Postkarte erhältlich.

Die Ikone „Gottesmutter vom Zeichen" (13. Jh.) setzt das Prophetenwort aus Jesaja 7,14 ins Bild:
„Darum wird der Herr euch selbst ein Zeichen geben:
Siehe die Jungfrau ist schwanger und
wird einen Sohn gebären,
den wird sie nennen: Immanuel - **„Gott mit uns!"**
(http://www.kirstenvoss.my-kaliviani.com/Einleitung/Ikonengalerie/Mutter_Gottes/Platytera/platytera.html)

Material: Stiller Raum, Kerze, Ikone

Ingrid Piontek ist Dozentin für Gemeindepädagogik am Pädagogisch-Theologischen Institut der EKM und der Ev. LK Anhalts.

Lebendiger Adventskalender im Stadtteil

Bettina Emhardt

Miteinander Nachbarschaft leben und nicht nur nebeneinander – das ist genau das, was wir als Stadtteilprojekt Dresdner59 in Leipzig fördern wollen. Hier sollen Menschen verschiedener Generationen, unterschiedlicher sozialer Schichten und sämtlicher kultureller Herkünfte ungezwungen in Kontakt kommen.

Dazu haben wir jeden Dienstag, Mittwoch und Donnerstag von 15–18 Uhr unser Nachbarschaftscafé geöffnet. Hier (je nach Wetter auch im Garten) schaffen wir bei leckerem Kuchen und Kaffee eine entspannte Atmosphäre, einander kennenzulernen. Außerdem bieten wir viele verschiedene regelmäßige und unregelmäßige Veranstaltungen an, sodass für jedes Alter und jede Interessenlage das Passende dabei ist. So haben wir beispielsweise Sprachkurse, diverse Kreativangebote für Groß und Klein, internationale Koch- und Länderabende, Spieleabende, gemeinsame Mahlzeiten, aber auch literarische und sportliche Angebote im Programm.

Einen wichtigen und besonderen Teil, um Nachbarschaft in Kommunikation und Begegnung zu leben, trägt unser Lebendiger Adventskalender bei, der seit 2016 jährlich stattfindet. Gerade im Advent sind viele Menschen sehr gestresst und nehmen sich kaum Zeit für Begegnung und gleichzeitig sind sie gerade in dieser Zeit sehr empfänglich für Gemeinschaft, suchen vielleicht sogar danach einfach mal kurz zur Ruhe zu kommen und mit anderen die Jahreszeit zu genießen. Der Lebendige Adventskalender schafft genau dazu Raum. Jeden Tag bieten wir in unserem Projekt, in der Gemeinde, bei Ehrenamtlichen daheim oder bei Kooperationspartnern (z.B. andere soziale oder öffentliche Einrichtungen wie die Bibliothek) die verschiedensten Sachen an, um Begegnung zu schaffen und in der Nachbarschaft Advent zu erleben und zu genießen. Da gibt es gemeinsames Plätzchenbacken, Filmabende, Lesungen, gemeinsames Weihnachtsliedersingen, Kreativangebote für Groß und Klein (z. B. Last-Minute-Weihnachtsgeschenke), Räucherkerzen selber machen, Winterfeuer mit Punsch und Keksen, Theater und und und. Und dabei wechseln die Orte immer wieder – so lernt man nicht nur neue Leute kennen und schätzen, sondern auch neue Orte in der eigenen Nachbarschaft. Und gekrönt wurde unser Lebendiger Adventskalender der bisher immer mit einem gemeinsamen Weihnachtsessen an Heiligabend, denn nicht jeder hat eine Familie, mit der groß gefeiert wird. So muss keiner am Fest der Liebe und Gemeinschaft alleine sein.

Bettina Emhardt ist Gemeindepädagogin der Ev.-Luth. Dreifaltigkeitskirchgemeinde Leipzig und Leiterin des Stadtteilprojekts Dresdner59.

Ein Beispiel für den Lebendigen Adventskalender

Wann?	Was?	Wo?
01.12.	Räucherkerzen selber machen	Dresdner59
	Weihnachtsgebäck und Punsch bei Musik und Feuertonne im Hinterhof	Privatperson
02.12.	Familiengottesdienst zum 1. Advent	Trinitatiskirche
03.12.	Adventsgeflüster & Weihnachtszauber – Geschichten & Lieder zur Weihnachtszeit	Bibliothek Reudnitz
	Filmabend mit Überraschungsfilm	Dresdner59
04.12.	Öffentliches Adventssingen mit dem BV Anger-Crottendorf	Trinitatisplatz
05.12.	„Lebenswege" – Nachbarschaftsgruppe lädt zum kreativen Kennenlernen, mit Theater & Co. sammeln wir Geschichten aus unserer Nachbarschaft	Dresdner59
06.12.	Kreativschmiede: DIY – Weihnachtsgeschenke: Kerzen und Lampen aus Flaschen und Gläsern zaubern Veganes Nikolausbacken mit dem Bund für Umwelt & Naturschutz Leipzig (Teilnahmebetrag: 4 EUR , ermäßigt 2 EUR, mit Leipzig-Pass 0 EUR) „Brot und Butter" zum Nikolaus	Dresdner59
07.12.	Frauenfrühstück Küche für Alle und Café-Konzert: Hakuna Matata Leipzig, mit Kora, Trommeln, Gesang und Tanz (ab 18:00 Küfa, ab 19:00 Konzert)	Dresdner59
08.12.	Weihnachtscafé mit Erinnerungsaustausch & Quizz	Dresdner59
09.12.	Weihnachtsmarkt mit Wichtelwerkstatt, Speis & Trank, Singen, Geschenke angeln und Weihnachtsmannbesuch	MÜHLSTRASSE 14 e.V.
	Adventsmusik	Trinitatiskirche
10.12.	Lesebühne Weitblick	Dresdner59
11.12.	Kunstkoffer am Stephani-Platz (Mühlstraße e.V.)	Stephaniplatz
	Interkulturelles Weihnachtsfest für Familien	Willkommenszentrum
12.12.	eine Kinderbuchlesung (mit Geräuschen und Musik, Bildern und Handpuppen) aus dem Buch „Helfe-Elfe Magda in den Rocky Mountains" (ab 4 bis 99)	Dresdner59
13.12.	Kreativschmiede: DIY-Weihnachtsgeschenke: Backmischungen im (selbst verzierten) Glas (gerne auch eigene Gefäße mitbringen)	Dresdner59
14.12.	Über den Tellerrand – Gemeinsam Kurdisch Kochen	Dresdner59
15.12.	Adventsmarkt mit Kinderlesung und Musik	Gemeinschaftsgarten Querbeet Leipzig e.V., Neustädter Str. 20.
16.12.	Gottesdienst zum 3. Advent	Trinitatiskirche
17.12.	„Bald nun ist Weihnachtszeit"	Bibliothek Reudnitz
18.12.	„Weihnachtliche Akkordeonklänge zum Mitsingen" von & mit dem Ehepaar Mustermann Plätzchen backen um die Welt! Einige internationale süße Rezepte stehen schon bereit - ihr bringt vielleicht noch welche mit und dann backen wir zusammen!	Privatperson
19.12.	„Wie wohl die Schlossallee früher mal war" Interaktives Puppentheaterstück zu steigenden Mieten und sich verändernden Nachbarschaften	Dresdner59
20.12.	Kreativschmiede: DIY- Weihnachtsgeschenke: Weihnachtskarten mit Handlettering gestalten Adventliches Basteln	Dresdner59
21.12.	Frauenfrühstück und DIY-Weihnachtsgeschenke: Selbst Rasierseife, Creme und Peeling herstellen! (Bitte kleine Gefäße mitbringen)	Dresdner59
22.12.		
23.12.	Gottesdienst zum 4. Advent	Kirche Stötteritz
24.12	Krippenspiel zur Christvesper	Trinitatiskirche

Krippenspiel an zwei Orten

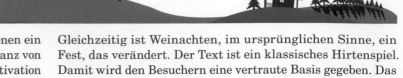

Uwe Hahn

In der Regel sind die weihnachtlichen Angebote, in denen ein Krippenspiel aufgeführt wird, sehr gut besucht. Der Glanz von leuchtenden Kirchenfenstern birgt eine natürliche Motivation den Raum zu betreten. Die hier entwickelte Vorlage will einen besonderen Akzent setzen. Krippenspiel als Angebot im öffentlichen Raum zu denken und die soliden Mauern unserer Kirche zaghaft verlassen. Mut zur Öffentlichkeit! Die Umsetzung der Vorlage ist auch gut in der Adventszeit möglich. Sie kann in Zusammenarbeit mit der Kommune erfolgen, beispielsweise mit dem örtlichen Weihnachtsmarkt. Das Unterwegssein ist in der Weihnachtsgeschichte ein Grundmotiv. Wenn ich dies ernst nehme, drängen sich die Einbeziehung des öffentlichen Raumes und die Beteiligung der Besucher auf. Wobei die Beteiligung der Besucher natürlich Grenzen hat.

Weihnachten lebt von den Traditionen, und deren bewusste Veränderung werden/können Irritationen und Widerstände hervorrufen. Das muss bei der Planung bedacht werden.

Gleichzeitig ist Weinachten, im ursprünglichen Sinne, ein Fest, das verändert. Der Text ist ein klassisches Hirtenspiel. Damit wird den Besuchern eine vertraute Basis gegeben. Das Besondere ist der andere Ort und der geplante Ortswechsel.

Für den ersten Teil dieses Krippenspieles sollte ein Ort im öffentlichen Raum gefunden werden. Das kann eine leere Maschinenhalle beim Bauern sein, eine Lagerhalle, eine Fabrik oder anderes. Im zweiten Teil wird der Weg zur Kirche mit Kerzen/Lampen und Liedern gegangen. Der dritte Teil sollte in der Kirche stattfinden, das gibt der Geschichte einen besonderen Abschluss.

Personen: Maria, Josef, 4 Hirten, Verkündigungsengel, „Engelchen", eine Gruppe Statisten
Hier ein kleiner Auszug aus dem Spiel. Den vollständigen Text finden Sie auf der Homepage.

Vorspiel
Engelchen Herzlich willkommen große und kleine Leute.
　　　　Wie jedes Jahr treffen wir uns heute.
　　　　(Engelchen hält inne)
　　　　Ich weiß, der Reim ist nicht sauber, aber ich reime so gern. Habt bitte Nachsicht und lasst mir die Freude.
　　　　Herzlich willkommen große und kleine Leute.
　　　　Wie jedes Jahr treffen wir uns heute.
　　　　Doch diesmal an einem ungewöhnlichen Ort.
　　　　Mal ehrlich, auf ein Wort:
　　　　Muss das wirklich sein?
　　　　…

1. Szene　Unterwegs
Maria und Josef gehen in einer lange Reihe von Menschen. Hier kann man Besucher beteiligen.
　　　…
2. Szene　Herbergssuche
　　…
3. Szene Hirten auf dem Feld
Hirten sitzen am Feuer. Nach einiger Zeit kommen Menschen, latschen durch das Lager und nehmen sich, was sie brauchen. Hirten springen auf und versuchen, die Eindringlinge zu verjagen.

1. Hirt　Bin ich bescheuert.

2. Hirt　Mit der Volkszählung gerät die Welt vollkommen aus den Fugen.

3. Hirt　Das glaubt mir keiner.

4. Hirt　Was glaubt dir keiner?

3. Hirt　Na, dass man uns beklaut.

1. Hirt　Die haben unsere Abfallhaufen durchwühlt und auch was gefunden. Hätte ich nicht für möglich gehalten.

2. Hirt　Was ist das für eine Schnapsidee. Jeder soll sich in der Stadt melden, aus der er stammt. Der hätte mal uns fragen sollen, wie man zählt.

4. Hirt　Wir kennen die Anzahl der Schafe genau.

2. Hirt　Also, wenn der uns gefragt hätte, der Kaiser, wir sollen seine Untertanen zählen, das hätten wir hinbekommen.

3. Hirt　Was, der Kaiser hat uns gefragt, ob wir seine Untertanen zählen? Das glaubt mir keiner. Und warum haben wir das nicht gemacht?

2. Hirt　Weil er uns nicht gefragt hat.

3. Hirt　Das verstehe ich nicht.

1. Hirt　Bloß gut, dass wir schon gegessen hatten. Die hätt sich sonst alle an unser Feuer gesetzt.

4. Hirt　Hätten sie gefragt, dann hätten wir Platz gemacht.

1. Hirt　Ich weiß nicht, wir haben doch selber kaum was.

3. Hirt　Aber die sind von unseren Resten satt geworden. Das glaubt mir keiner.

4. Hirt　Was du Reste nennst, war verfault, verschimmelt und satt konnte man davon auch nicht werden.

2. Hirt　Die Römer können einfach nicht organisieren. Wir hätten die Zählerei hinbekommen. Und auch die Versorgung. Hätten die Römer uns beauftragt, wir hätten da schon was hinbekommen.

3. Hirt Aber warum fragen die uns nicht?

1. Hirt Müsst ihr euch registrieren lassen?

2. Hirt Weiß nicht.

4. Hirt Mich hat keiner aufgefordert.

1. Hirt Mich auch nicht.

3. Hirt Wir müssen uns nicht registrieren lassen – das glaubt mir keiner.

1. Hirt Warum werden wir nicht gezählt?

4. Hirt Wir gehören nicht zu denen, die gezählt werden.

2. Hirt Moment. Jeder soll in seine Vaterstadt gehen und sich registrieren lassen. Jeder!

3. Hirt Wo soll ich denn da hin?

4. Hirt Weiß nicht.

2. Hirt Weiß nicht.

1. Hirt Weiß nicht.

2. Hirt Wir sind die, die keiner kennt.

4. Hirt Wir sind die, die keiner kennen will.

Besucher sollten als Engel einbezogen werden, z.B. haben sie eine Kerze und entzünden sie. Oder sie wurden im Vorfeld aufgefordert, Taschenlampen mitzubringen – diese werden jetzt angemacht und auf die Hirten gerichtet. Die Besucher bekommen weiße Stoffbahnen, die sie in der Engelszene hochhalten.

Engel Fürchtet euch nicht! Siehe, ich verkündige euch große Freude, euch ist heute der Heiland geboren. Und das habt zum Zeichen, ihr werdet finden ein Kind in Windeln gewickelt und in einer Krippe liegend. Fürchtet euch nicht. Gott kennt euch!

Engel verlassen den Ort, Lichter gehen aus

3. Hirt Das glaubt mir keiner!

4. Hirt Was glaubt dir keiner?

3. Hirt Na das, dass da was war. So anders! Auch schön. Und furchtbar. Was sagt ihr dazu?

1. Hirt Bin ich bescheuert!

2. Hirt Mit der Volkzählung gerät die Welt völlig aus den Fugen.

3. Hirt Das glaubt mir keiner.

4. Hirt Was glaubt dir keiner?

3. Hirt Na, dass da was kommt und was spricht. Schön!

1. Hirt Engel?

Alle Engel!

1. Hirt Da kommen einfach die Engel zu uns und sind da und sprechen und sagen was.

2. Hirt Wir sollen keine Angst haben. Das war aber nicht so einfach! Da ist was zur Welt gekommen.

3. Hirt Genau!

4. Hirt Ein Kind liegt in Windeln gewickelt in einer Krippe. Der Heiland ist für uns geboren. Gott kennt uns.

Alle Gott kennt uns.

3. Hirt Wir sind registriert. Das glaubt mir keiner.

1. Hirt Los, los, worauf warten wir noch.

3. Hirt Und die Schafe?

2. Hirt Die haben bisher die Volkszählung überstanden, die werden auch den Rest überstehen.

4. Hirt Wenn das Kind in einer Krippe liegt, dann finden wir es vielleicht im Stall bei den Tieren.

1. Hirt Auf zum Stall!

Hirten verlassen den Ort

Engelchen Alle sind weg, nur ihr seid noch hier.
    Worauf wartet ihr?
    Lasst uns zur Krippen gehen
    Dort wollen wir sehen
    Ob das Kind geboren,
    Klein und verloren.
    Die Hoffnung für die Welt
    Liegt hoffentlich unterm Himmelszelt.
    Also, mit Himmelszelt mein ich jetzt nicht, dass das Kind draußen liegen muss. Eher so, das Kind ist geboren für die ganze Welt, für alle Menschen. Nur damit wir uns nicht falsch verstehen. Und jetzt zündet eure Kerzen wieder an, oder knipst die Lampen an, damit wir gut gehen können. Kommt mit!

Ortswechsel zur Kirche. Es sollte noch eine Station geben, an der mindestens ein Lied gesungen wird. Die Besucher ziehen mit ihren Lichtern in eine dunkle Kirche ein, im Altarraum ist die Krippe erleuchtet.

4. Szene   Im Stall

...

Der gesamte Text zum Herunterladen und Ausdrucken:

www.praxis-gemeindepaedagogik.de

Uwe Hahn ist Studienleiter für Gemeindepädagogik am TPI in Moritzburg und Redakteur bei der Praxis Gemeindepädagogik.

Theologisch auf den Punkt gebracht:
Nächstenliebe

Christopher Zarnow

„Wer ist denn mein Nächster?" Die Frage des Schriftgelehrten ist vielleicht heute aktueller denn je. Der
Gelehrte hatte Jesus danach gefragt, was er tun
müsse, um das ewige Leben zu erben. Heute würden wir vielleicht sagen: Er hatte das spirituelle Angebot erfahren wollen, mit dem Jesus unterwegs war. Dieser war nicht um eine
Antwort verlegen und brachte seine Botschaft auf den Punkt:
„Du sollst den Herrn, deinen Gott, lieben von ganzem Herzen,
von ganzer Seele, von allen Kräften und von ganzem Gemüt,
und deinen Nächsten wie dich selbst." (Lk 10,27.) Schön und
gut, lieber Jesus – aber geht's auch etwas konkreter: Wer soll
das denn bitte sein, – mein Nächster?

Nähe ist eine räumliche Bestimmung. Als solche hat sie
aber immer auch eine soziale Qualität: Der/die mir räumlich
Nahe geht mich auch in besonderer Weise „an". Der Soziologe
Max Weber hat den Zusammenhang von räumlicher Nähe und
sozialer Verbundenheit am Beispiel der Nachbarschaftshilfe
erläutert. So sei von jeher mit dem Phänomen der Nachbarschaft ein besonderes Hilfe-Ethos verbunden gewesen. Die
Nachbarschaftshilfe sei zwar weit weniger alltäglich und intensiv als der Hausverband (als der kleinsten Keimzelle aller
zwischenmenschlichen Gemeinschaft). Aber v.a. in Notsituationen greifen sich Nachbarn mit großer Selbstverständlichkeit
unter die Arme und helfen sich gegenseitig aus. Dabei kann es
sich um die Unterstützung bei der Ernte, die „unentgeltliche
Leihe von Gebrauchsgütern" (Weber, 216), aber auch, unter
gegenwärtigen städtischen Lebensbedingungen, etwa um das
Gießen der Balkonpflanzen oder das Füttern der Katze während der Urlaubszeit handeln. Geklopft wird an der „nächsten"
Tür, und wenn's hier nicht passt, dann eine Etage weiter unten. Das zugrundeliegende Prinzip der Nachbarschaftshilfe
ist dabei in aller Regel weniger altruistisch, sondern vielmehr
ganz unsentimental und pragmatisch motiviert und lässt sich
auf die einfache Formel bringen: „Wie du mir, so ich dir."

Die von Weber ins Auge gefasste Nachbarschaftshilfe steht
allerdings unter der Voraussetzung, dass sich die räumlichen
nahestehenden Individuen auch – zumindest ansatzweise –
persönlich kennen. Unter anonymisierten Großstadtbedin-
gungen werden demgegenüber ganz andere Umgangsweisen
mit dem Phänomen zwischenmenschlicher Nähe erforderlich.
Man denke nur an die Fahrt in einer überfüllten U-Bahn: Der
Nächste ist hier gerade derjenige, den es sich im wortwörtli-
chen Sinn vom Leib zu halten gilt. Der Berliner Soziologe und
Kulturphilosoph Georg Simmel hatte auf dieses Phänomen
bereits vor über 100 Jahren hingewiesen. Die moderne Groß-

stadt mit ihrer Fülle an Reizen und Eindrücken könne, so
Simmel, seelisch überhaupt nur bewältigt werden, indem sich
auf Seiten des Individuums ein komplexer Verarbeitungs- und
Schutzapparat herausbildet. Der Großstadtmensch sei überhaupt nur überlebensfähig, indem er sich seine Umgebung
körperlich und intellektuell auf Abstand hält. So etwas wie
einen urbanen Gemütsmenschen könne es folglich gar nicht
geben: Wer sich allem, was ihm an Eindrücken in der Großstadt begegnet, gemütsmäßig, d.h. mit subjektiv-persönlicher
Betroffenheit stellen würde, würde, nach Simmel, in eine ganz
„unausdenkbare seelische Verfassung geraten" (Simmel, 122 f.).

Gegenüber der Nähe und Vertrautheit des Dorfes ist die
Großstadt nach Simmel ein eher kühler, distanzierter Ort. Gerade aufgrund jener Unpersönlichkeit – dass man sich nicht
kennt, dass man sich aber auch in Ruhe lässt – schafft die
Großstadt aber auch „einen sozialen Raum für akzeptierte
Differenzen, in dem sich Unbekannte und Fremde leichter
bewegen und einordnen können als in den geschlossenen sozialen Kreisen des Dorfes" (Häußermann, 18). Die Stadt als ein
Siedlungsmodell, in dem Fremde auf engstem Raum zusammenleben, ist überhaupt nur dadurch möglich, dass man sich
in seiner Unterschiedlichkeit gelten lässt und auf Abstand
hält. Der Nächste ist der Fremde, und nur weil er der Fremde ist und bleibt, erträgt man seine Nähe (zusammen mit der
Nähe vieler anderer ebenfalls Fremder).

Wer also ist mein Nächster? Der Mensch/die Menschen, die
mir nahestehen, weil ich in Freundschaft, Liebe und Fürsor-
ge mit ihnen verbunden bin? Mein Nachbar, dessen Stiefmüt-
terchen ich wässere und Katze ich füttere? Der Verkäufer des
Obdachlosenmagazins aus der U-Bahn, dessen Bettel-Sprüch-
lein ich inzwischen auswendig mitsprechen kann? Und: Gibt
es eine Grenze der Nächstenliebe aufgrund von räumlicher
Entfernung? In einer – zumindest in medialer Hinsicht – glo-
balisierten Welt werde ich tagtäglich mit Bildern, Gesichtern
von Menschen konfrontiert, die tausende Kilometer von mir
entfernt leben und trotzdem in ihrer Not ganz nahekommen.
Das kann zu paradoxen Effekten führen: Wieso lässt mich die
Not des Bettlers in meiner Straßenbahn kalt, während mich
die Bilder von orangenen Rettungswesten, die verlassen im
Mittelmeer treiben, emotional mitnehmen?

Wer ist mein Nächster? Es scheint nicht möglich, auf diese
Frage eine einfache Antwort zu geben, weder durch den Hin-
weis auf eine abstrakte Regel noch mithilfe einer allgemein-
gültigen Definition. Bezeichnenderweise antwortet ja auch
Jesus selbst nicht auf solche Weise auf die Frage des Schrift-

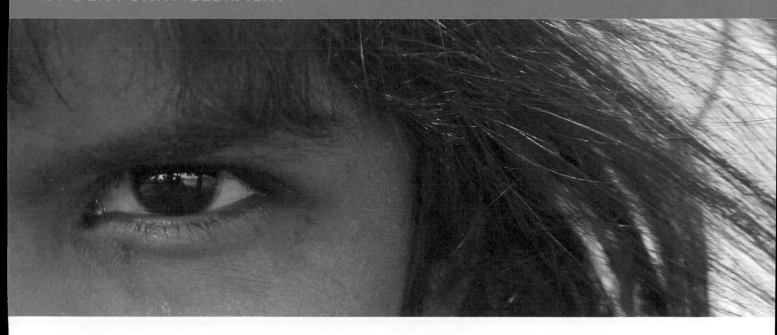

gelehrten. Sondern er erzählt eine Geschichte: Ein Mann wird ausgeraubt, halb totgeschlagen und im Straßengraben liegen gelassen. Der Priester und der Levit, also zwei Repräsentanten der heimischen religiösen Elite, gehen vorüber und lassen ihn links liegen. Es ist ein Fremder, ein Samaritaner, der sich kümmert: Er leistet erste Hilfe, bringt den Verletzten in Sicherheit und stellt seine medizinische Versorgung sicher.

Die Geschichte vom barmherzigen Samariter gehört zu den Ursprungsnarrativen christlicher Ethik und Diakonie. Man könnte die Sozial- und Kulturgeschichte der christlichen Nächstenliebe als Auslegungsgeschichte dieses Textes erzählen. Im vorliegenden Zusammenhang möchte ich nur zwei Aspekte besonders hervorheben. Zunächst: Derjenige, der von Jesus als Vorbild praktizierter Nächstenliebe herausgestellt wird, handelt gerade nicht aus einer religiöses Motivationslage heraus (zumindest wird von solcher in der Geschichte nichts berichtet), sondern aus purer Mitmenschlichkeit: Er „sah" den Ausgeraubten und Zusammengeschlagenen, und „es jammerte ihn" (Lk 10,33). Die Motivation seines Handelns ist nicht religiös (im engeren Sinn) begründet: Er handelt nicht aufgrund von irgendwelchen religiösen Geboten. Auch lässt er sich nicht von religiösen Ritual- und Reinheitsvorschriften abhalten (die womöglich das Verhalten von Priester und Levit erklären). Sein Handeln ist nicht an der Einhaltung eines abstrakten religiösen Prinzips, sondern an der Not seines konkreten Gegenübers orientiert. Gerade darin gilt er aber in der Geschichte, die Jesus erzählt, als Vorbild menschlicher *und* religiöser Praxis.

Der zweite Aspekt aus der Geschichte, den ich besonders betonen möchte, klang bereits an. Jesus beantwortet die Frage des Schriftgelehrten nicht durch eine förmliche Definition des Nächsten, sondern indem er eine konkrete Geschichte erzählt. Es lohnt sich, bei diesem Punkt einen Augenblick stehen zu bleiben. Der christliche Glaube (für den jüdischen gilt Ähnliches) ist ein zutiefst geschichtlicher Glaube. Das heißt: Inhaltlich im Zentrum stehen keine Lehrsätze, Weisheitslehren oder Lebensphilosophien, sondern eben: Geschichten. In seinen Geschichten liegt – bis auf den heutigen Tag – sein symbolisches Kapital. Hier liegen aber zugleich seine spezifischen Grenzen: Die „höhere Weisheit", mit der das Christentum auf dem spätmodernen Supermarkt der Religionen antritt, lässt sich marketingtechnisch nicht ablösen von den persönlichen Geschichten ganz konkreter Menschen und ihrer Lebensschicksale. Allgemeinplätze sind hier nicht im Angebot – was im Konkurrenzkampf um leicht konsumierbare

Psycho- und Spiritualitätstechniken durchaus als Manko gesehen werden kann.

Man kann es auch so sagen: Christliche Ethik ist im Kern Sozialethik. Sie ist nicht an abstrakten Geboten, Kultvorschriften oder Prinzipien orientiert, ist aber auch keine religiöse Virtuosenethik, die einer besonderen spirituellen Reifung entspringt. Ihr Maßstab ist immer der Andere, mein konkretes Gegenüber. Sie hat ihren Ursprungsort in der Erfahrung von Mitmenschlichkeit – genau davon erzählt die Geschichte vom barmherzigen Samariter. Der/die Nächste ist gleichsam keine fest definierbare Größe, sondern das Produkt einer Wendung des Herzens: Ein Mensch *wird* mir zum Nächsten, indem ich in ihm oder in ihr meinen Mitmenschen erkenne. Dann kann es mich um den anderen jammern oder ich kann mich mit ihm freuen, dann sehe ich die Not meines Gegenübers oder habe Anteil an seinem Reichtum, dann bin ich bei meinem Gegenüber und zugleich ganz bei mir selbst. Ich erkenne, und zwar auf existenzielle Weise, dass wir beide im selben Boot sitzen. Die Früchte solcher Nächstenliebe sind Verständnis, Empathie und Hilfsbereitschaft. Wo sie erblühen, ist mir der Nebenmensch zum Mitmensch geworden – egal, ob er mit mir unter einem Dach lebt oder 1000 Kilometer entfernt von mir.

Literatur

Häußermann, Hartmut, Georg Simmel, der Stadtsoziologe. Zur Einführung, in: Georg Simmel und die aktuelle Stadtforschung, hrsg. v. Harald A. Mieg/Astrid O. Sundsboe/Majken Bieniok, Wiesbaden 2011, 15–27.

Simmel, Georg, Die Großstädte und das Geistesleben, in: Georg Simmel, Aufsätze und Abhandlungen 1901-1908, Bd. 1, GA 7, hrsg. v. Rüdiger Kramme/Angela Rammstedt/Otthein Rammstedt, Frankfurt a. M. 1995, 116-131.

Weber, Max, Wirtschaft und Gesellschaft. Grundriss der verstehenden Soziologie, 5. Aufl., Tübingen 1972.

Christopher Zarnow ist Professor für Systematische Theologie an der Evangelischen Hochschule Berlin.

Methodenbox:
Systemisches Konsensieren

Bernd Neukirch

Die Methode „Systemisches Konsensieren" ist geeignet für eine Entscheidungssuche und -findung zwischen mehreren Lösungsvorschlägen, die sich am Widerstand der zu Beteiligenden orientiert. Denn nicht die Suche nach einer Mehrheit für die eine oder die andere Lösung steht im Mittelpunkt der Meinungsbildung, sondern die Suche nach der Lösung, die die geringste Ablehnung erfährt. Bei Entscheidungen durch Systemisches Konsensieren geht es dementsprechend nicht darum, die Wünsche einer Teilgruppe oder der Mehrheit zu erfüllen, sondern um Beschlüsse, die von allen möglichst gut mitgetragen werden. Dadurch erhält jede beteiligte Person die Möglichkeit, sich einzubringen und mit den eigenen Vorstellungen etwas zu bewegen, ohne dafür Mehrheiten mobilisieren zu müssen. So gibt es keine Gewinner/Verlierer durch Abstimmungen.

Bei den herkömmlichen Entscheidungsverfahren werden die Pluspunkte für eine Lösungsvariante gesammelt. Dabei wird nicht berücksichtigt, wie groß der Widerstand für die verschiedenen Lösungsvarianten ist. Das aber ist wichtig für die Umsetzung von Entscheidungen. Beim Systemischen Konsensieren funktioniert die Entscheidungsfindung genau andersherum. Es werden die Widerstandpunkte der gesamten Gruppe gezählt. Und der Vorschlag mit den geringsten Widerstandpunkten macht dann das Rennen. Mit der Ermittlung der Widerstandpunkte werden implizit die Anliegen aller Lösungen berücksichtigt. So entscheidet die Gruppe nicht gegen eine Lösung, sondern sie erfährt, wo der größte bzw. der geringste Widerstand liegt. Das ergibt ein differenzierteres Bild und kommt jener Energie näher, die für eine gemeinsame Lösung vorhanden ist.

Das einzelne Gruppenmitglied kann seine eigene Kreativität für ein gemeinsames Ergebnis einbringen. Zudem können beim Systemischen Konsensieren, anders als bei Konsensentscheidungen, Einzelne keine Entscheidung blockieren. Auch dies reduziert Konfliktpotenzial und stärkt den sozialen Zusammenhalt in der Gruppe. Wo Widerstände vorhanden sind, können diese konstruktiv zur Verbesserung der Lösungsvorschläge einbezogen werden. Deshalb sollte es für eine Entscheidungsfindung durch Systemisches Konsensieren immer mehrere (nicht nur zwei) vergleichbare Vorschlä-

ge geben. Systemisches Konsensieren ist zudem als Methode besonders hilfreich, wenn sich Beteiligte nicht eindeutig für eine Lösung entscheiden können.

Das Verfahren

1. In der Gruppe ist zu verabreden, dass Systemisches Konsensieren als Weg zur Entscheidungsfindung akzeptiert ist.
2. Die Lösungsvarianten werden vorgestellt oder erarbeitet. Es muss sich um klar unterscheidbare Lösungen handeln.
3. Die Methode wird nochmals in Erinnerung gerufen.
4. Alle Beteiligten vergeben, möglichst auf einem vorbereiteten Blatt Papier, auf dem alle Lösungsvarianten stehen, ihre Widerstandpunkte. Die Skala reicht von 0 bis 10.
   - 0 bedeutet: Ich habe keinen Einwand gegen diesen Vorschlag.
   - 10 bedeutet: Dieser Vorschlag ist für mich unannehmbar.
   - Zwischenwerte werden nach Gefühl vergeben.
5. Die Widerstandpunkte für jede Lösung werden zusammengezählt, sodass sich der Gruppenwiderstand pro Lösung ergibt. Ergänzend kann der Durchschnittswert ermittelt werden (Summe der Widerstandpunkte für die jeweilige Variante dividiert durch die Anzahl der Teilnehmenden).
6. Die Lösungsvariante mit dem geringsten Gruppenwiderstand gilt als die beste und damit entschiedene Lösung. Allerdings: Tragfähige Lösungen sollten einen maximalen Widerstand von 0–5 Punkten im Schnitt haben. Ist der Durchschnittswert größer als 5, sollte nochmals über die Lösungsvarianten nachgedacht werden, um sie zu schärfen. Falls das gemessene Konfliktpotenzial noch zu hoch ist – also die Akzeptanz zu gering ist – muss nach besseren Lösungen gesucht werden.

Literatur

S. Schrotta/E. Visotschnig „Das SK-Prinzip – Wie man Konflikte ohne Machtkämpfe löst", 2005.

Bernd Neukirch ist Studienleiter für Gemeindeberatung beim Amt für kirchliche Dienste in Berlin.

Medientipps

Claudia Brand

Im animierten 4-minütigen Kurzfilm **Apfelbaum** von Julia Ocker und Moritz Schneider (2007) gibt es Streit zwischen einem Apfelbauern und seinem Nachbarn. Als alle reifen Äpfel auf das Grundstück des Nachbarn rollen, greift der Baumbesitzer aus Neid und Missgunst zu einer drastischen Maßnahme: Er baut eine hohe Mauer. Ob dies wohl die Lösung für den Konflikt ist? Eine Geschichte für den Einsatz in der Kinder- und Jugendarbeit als auch in der Erwachsenenbildung zum Thema Nachbarschaft, Miteinander und Konfliktlösung.

Auch im Spielfilm **Wir sind die Neuen** von Ralf Westhoff aus dem Jahr 2014 gibt es Konflikte in der Nachbarschaft. Als eine Gruppe von Alt-68ern zusammen in eine Wohnung zieht, sieht sich die benachbarte Studenten-WG gestört. Während die Alten nachts trinken und Musik hören, wollen die Jungen ihre Ruhe, um tagsüber ausgeruht ihren studentischen Pflichten nachgehen zu können. Nur langsam erkennen die Beteiligten im Laufe des Films, dass das Zusammenleben im Haus auch Vorteile mit sich bringt. Ein Film, der Alt und Jung ins Gespräch über das Zusammenleben der Generationen bringen und zum Nachdenken über das eigene Lebensmodell anregen kann.

Ein weiterer Film für Kirchenkinoveranstaltungen zum Thema Nachbarschaft ist der schwedische Spielfilm **Ein Mann namens Ove** von Hannes Holm (2015). Einen alten, alleinstehenden Nachbarn wie Ove kennt wohl jeder: kontrollsüchtig und griesgrämig. Als dann auch noch eine junge Familie ins Nachbarhaus einzieht und seinen Briefkasten umfährt, scheint die Ruhe für Ove vorbei. Doch was sich zuerst als Katastrophe andeutet, wird für Ove dann doch zum wahren Glücksfall: Er entdeckt, dass sich hinter seiner rauen Schale doch ein weicher Kern verbirgt und erlangt wieder einen Sinn in seinem Leben.

Bereits schon ein Klassiker des Kinderkinos ist **Karo und der liebe Gott** (Danielle Proskar, 2005). Die kleine Karo glaubt, dass Gott ein alter, alleinstehender Mann in ihrer Nachbarswohnung ist. Mit seiner „göttlichen" Hilfe kämpft die Kleine gegen die Scheidung ihrer Eltern und lernt dabei jede Menge über das Leben. Ein Film für Kinder ab 9 Jahren.

Der 8-minütige Kurzfilm **Red Rabbit** von Egmont Mayer (2007) zeigt einen Mann, der unter Panik versucht ein riesenhaftes Kaninchen in seiner kleinen Wohnung zu verbergen. Als seine Nachbarin Gefallen an ihm findet, wird dies immer schwieriger. Doch er muss feststellen, dass auch sie etwas Riesenhaftes hinter ihrer Tür verbirgt. Ein Impulsfilm über das menschliche Zusammenleben und die Geheimnisse hinter Wohnungstüren, die für die, die so nah beieinander wohnen, oftmals doch verborgen bleiben (sollen).

Lokale Nachbarschaften werden in unserer durch den Klimawandel bedrohten Gesellschaft in Zukunft wieder immer wichtiger werden. Der Dokumentarfilm **Voices of Transition** von Nils Aguilar aus dem Jahr 2012 zeigt anhand von drei Beispielen, wie sich diese den globalen Herausforderungen stellen. Beispielhaft werden die englischen Transition-Towns, die durch engagierte Nachbarschaften lokale Versorgung wieder in ihre Städte bringen und die städtische Biolandwirtschaft in Kubas Hauptstadt Havanna, die 70% ihres konsumierten Obst und Gemüses selbst herstellt, gezeigt. Der Film ermutigt und gibt Ideen für eigene (Nachbarschafts-)Projekte.

Alle Filme finden Sie mit den öffentlichen-nichtgewerblichen Vorführrechten im Verleih der Evangelischen und Katholischen Medienzentralen unter
www.medienzentralen.de.

Claudia Brand ist Leiterin des Medienzentrums der EKM.

Buchtipps für die gemeindliche Praxis

Petra Müller

Frieden ist nicht selbstverständlich – nicht zwischen Völkern, nicht im zwischenmenschlichen Bereich. Die Jahreslosung 2019 fordert deutlich auf, den Frieden nicht nur zu suchen, sondern ihm auch nachzujagen: „Suche Frieden und jage ihm nach." Kriege, Terroranschläge, Unterdrückung, Macht- und sexueller Missbrauch führen täglich vor Augen, wie fragil Frieden ist. In Zeiten, in denen Erfahrungen von Bedrohung, Ohnmacht, Angst, Entsetzen und Trauer viel Raum einnehmen, gilt es umso mehr, die Sehnsucht nach Frieden und die Vision einer gerechten Welt ohne Krieg und Gewalt wachzuhalten und zu nähren: **„Dass Friede werde unter uns."** So lautet auch der Titel des Buches, in dem **Barbara Palm-Scheidgen** Texte für Friedensgebete und Friedensgottesdienste zusammenstellt. Verschiedene liturgische Formen (ökumenische Friedensgebete, Wort- und Predigtgottesdienste, Andachten, Politische Nachtgebete u.a.) und zahlreiche Anlässe im Jahr wollen über die Konfessionsgrenzen hinweg zum Gebet um Frieden in all seinen Dimensionen und zum gewaltfreien Handeln einladen. Alle Modelle sind vollständig ausgearbeitet, sie lassen aber ebenso auch Raum für eigene Ausgestaltungsideen.
Verlag Friedrich Pustet, Regensburg 2019, 144 Seiten kartoniert, ISBN 978-3-7917-3097-4, 16,95 €

Der Verlust eines geliebten Menschen macht oft sprachlos, besonders dann, wenn er ohne Vorwarnung junge Familien trifft. Die Autorin **Anke Keil** hat genau dies erlebt, als sie ihre Tochter still zur Welt brachte. Aus ihrer eigenen Erfahrung der Betroffenheit heraus entstand das außergewöhnliche Buch **„Als Frau Trauer bei uns einzog"**. Mit einfachen, aber sehr eindrucksvollen Worten wird die kleine Geschichte entwickelt, wie Frau Trauer als ungebetener Gast in die Familie einzieht, sich einnistet und das Lebenshaus umräumt. Langsam aber wird aus dem Eindringling eine Gefährtin, die zwar hin und wieder zu Besuch kommt, aber doch auch ihren Schrecken verliert. Das Buch möchte Anstoß geben, dass Erwachsene und Kinder über und trotz des unermesslichen Schmerzes miteinander ins Erzählen darüber kommen, was sie beschäftigt und bewegt. Das stilistische Mittel, dass aus dem dunklen Abgrund der Trauer, der einen verschlingen kann, nun eine Person wird, nämlich Frau Trauer, bahnt die Möglichkeit an, irgendwann mit der Trauer auch leben und mit ihr umgehen zu können, so dass man wieder „Herr im eigenen Haus" wird. Die Erzählung hat mich beim Lesen zutiefst berührt und ich kann mir sehr gut vorstellen, dass man über diese Geschichte mit Kindern ins Gespräch kommen kann.
Vier-Türme-Verlag, Münsterschwarzach 2019, 60 Seiten gebunden, ISBN 978-3-7365-0283-3, 16,00 €

Die Sehnsucht nach Licht ist allen Menschen gemein und macht das Licht zu einem Ursymbol in allen Kulturen und Religionen. Nicht nur in der dunklen Jahreszeit entzünden wir gerne Kerzen, Lichter und Lampions. Mit kleinen Lichtritualen verleihen wir unserer Hoffnung und Sehnsucht nach Leben Ausdruck. Ein vielfältiges Lichterbrauchtum hat sich entwickelt – nicht nur in der dunklen Jahreszeit: das Licht der Geburtstagskerze, die Leuchter auf einer Festtafel oder Lampions auf einer Gartenparty. Jahr für Jahr tragen vielerorts Kinder stolz ihre leuchtenden Laternen durch die Straßen. Und immer wieder braucht es neue Bastelideen. Die Pädagogin und freischaffende Künstlerin **Gabi Scherzer** stellt in ihrem Buch **„Laternen, Lichter, Lampions – Leuchtende Ideen zu St. Martin und Lichterzeit"** Gestaltungsideen aus zusammen: kleine Tischlaternen und Lichter, Gartenlampions, Martinslaternen und Lichtobjekte für den Raum, wie z.B. die Silvesterschiffchen. Alles wird ausschließlich aus Alltagsmaterialien hergestellt. Für die Vorbereitung gibt es übersichtliche Materiallisten und fotografische Schritt-für-Schritt-Anleitungen. Bekannte Techniken werden frei kombiniert. Auch moderne „Lichttechnik" kommt zum Einsatz. Die Vorschläge sind für Kinder im Alter von 3 bis 8 Jahren geeignet. Das Buch ist aus der bewährten Reihe „Kinder, Kunst und Kreativität".
Don Bosco Medien GmbH, München, 2019, 64 Seiten kartoniert, ISBN 978-3-7698-2418-6, 13,00 €

Zu den jeweiligen Jahreslosungen haben wir unterschiedlich Zugang. Mal sprechen sie uns von Anfang an und bleibend an, ein anderes Mal bleiben wir auf Distanz. Ich vermute, dass sich viele von der Jahreslosung 2020 **„Ich glaube; hilf meinem Unglauben!"** angesprochen fühlen. Denn ist das nicht eine Realität, die viele Gläubige kennen, dass Glaube und Zweifel sich gegenüberstehen und uns hin- und herziehen. Einige der künstlerischen Darstellungen zur neuen Jahreslosung, die auf dem Markt sind, greifen dieses Dilemma sehr eindrücklich auf. Wenn meine Vermutung stimmt, dass dieses Leitwort für 2020 die Lebens- und Glaubenserfahrung vieler Christinnen und Christen trifft, dann lohnt es sich, sich auch intensiver mit ihr zu beschäftigen: persönlich, aber auch gemeinsam in verschiedenen kirchlichen Zusammenhängen, nicht nur am Jahresanfang, sondern auch das Jahr über. Für die, die tiefer einsteigen wollen, empfiehlt sich das bewährte Buch zur Jahreslosung aus dem Neukirchener Verlag. **Martina Walter und Martin Werth** stellen als Herausgeber verschiedene Beiträge zusammen: gut verständliche Auslegungen, Entwürfe für verschiedene Zielgruppen, Meditationen und Gebete und eine Bildmeditation.
Neukirchener Verlagsgesellschaft mbH, Neukirchen-Vluyn 2019, 176 Seiten, Klappenbroschur, ISBN 978-3-7615-6650-3, 12,99 €

Info und Personen

Thomas Böhme

Reihe Evangelische Bildungsberichterstattung vollständig erschienen

Als jüngste Bände in der vom Comenius-Institut Münster herausgegeben Reihe zur Evangelischen Bildungsberichterstattung sind die Bände zur „Evangelischen Schulseelsorge" (September 2019) sowie zum „Evangelischen Religionsunterricht" (voraussichtlich November/Dezember 2019) erschienen. Vorausgegangen waren im Jahr 2018 die Bände zu „Gottesdienstlichen Angeboten mit Kindern" und „Evangelischen Tageseinrichtungen für Kinder" sowie im Jahr 2019 der Band zur „Evangelischen Erwachsenenbildung". Die Bildungsberichte zu diesen fünf formalen wie non-formalen Bildungsbereichen in Kirche und Schule geben auf der Grundlage empirischer Daten Auskunft über den aktuellen Stand zum Kindergottesdienst, zu Kindertageseinrichtungen in evangelischer Trägerschaft, zur Erwachsenenbildung, dem Handlungsfeld der Schulseelsorge, in dem auch Gemeindepädagoginnen und -pädagogen tätig sind, sowie zum Religionsunterricht. Sie sollen Praktikerinnen und Praktikern sowie Verantwortlichen in diesen Bildungsbereichen darin unterstützen, die jeweiligen Handlungsfelder auf empirisch gesicherter Basis weiterzuentwickeln.

Die Bände zu den jeweiligen Bildungsberichten können über den Bookshop des Comenius-Instituts (www.comenius.de) erworben werden. Ebenso stehen dort kostenfreie Download-Versionen zur Verfügung.

PGP für die Praxis

Lars Charbonnier

Auch diese Ausgabe bietet wieder Möglichkeiten, direkt praktisch zu werden:

Der Beitrag über Nachbarschaft biblisch von Philipp Enger etwa enthält eine Vielzahl von Bibelstellen zum Thema – das lohnt sich, in der Konfirmandenarbeit oder im Seniorenkreis, hier mal miteinander genauer hinzuschauen: Was erfahren wir in der Bibel über Nachbarschaft? Um anschließend zu fragen: Was davon ist heute wichtig? Was sollte wichtiger sein? Überhaupt Fragen – viele schöne Fragen stellt dieses Heft, die 1:1 so weiter gestellt werden können, etwa die von Cornelia Coenen-Marx: „Was wärst Du lieber: arm mit vielen Freunden oder reich und allein?" (S. 17) oder die Fragen von Sybille Fischer auf der S. 25.

Eine andere Anregung kann aus dem Beitrag über die Willkommenspakete entstehen (S. 26–27): Wenn es so etwas in Ihrer Gemeinde noch nicht gibt – wie könnte das aussehen? Überlegen Sie doch mal im Gemeindekirchenrat, in der Mitarbeitendenbesprechung, im Kreise Ehrenamtlicher, ...?

Gemeinsam essen geht immer, das wissen Sie noch vom letzten Heft! Auch dieses Heft bietet dazu vielfältige Anregungen – was setzen Sie um? Plätzchen und Glühwein beim lebendigen Adventskalender (S. 56–57), das geht auf alle Fälle überall!

Und natürlich gibt es auch in dieser Ausgabe wieder viele links, die gern angeklickt werden wollen, für Infos, Anregungen, Materialien .... Viel Freude und gute Erfahrungen beim Ausprobieren!

IMPRESSUM

PRAXIS GEMEINDEPÄDAGOGIK (PGP)

ehemals »Christenlehre/Religionsunterricht–PRAXIS«
ehemals »Die Christenlehre«

72. Jahrgang 2019, Heft 4

Herausgeber:
Amt für kirchliche Dienste in der Evangelischen Kirche Berlin-Brandenburg-schlesische Oberlausitz
Pädagogisch-Theologisches Institut der Nordkirche
Theologisch-Pädagogisches Institut der Evangelisch-Lutherischen Landeskirche Sachsens
Pädagogisch-Theologisches Institut der Evangelischen Kirche in Mitteldeutschland und der Evangelischen Landeskirche Anhalts

Anschrift der Redaktion:
Dr. Lars Charbonnier, c/o Evangelische Verlagsanstalt GmbH, »PGP-Redaktion«, Blumenstraße 76, 04155 Leipzig, E-Mail ‹redaktion@praxis-gemeindepaedagogik.de›

Redaktionskreis:
Thomas Böhme, Comenius-Institut
Schreiberstraße 12, 48149 Münster
Dr. Lars Charbonnier, Führungsakademie für Kirche und Diakonie, Haus der EKD, Charlottenstraße 53/54,10117 Berlin
Uwe Hahn, Theologisch-Pädagogisches Institut Sachsen, Bahnhofstraße 9, 04168 Moritzburg
Petra Müller, Fachstelle Alter der Ev.-Luth. Kirche in Norddeutschland, Gartenstraße 20, 24103 Kiel
Dorothee Schneider, PTI der Ev. Kirche in Mitteldeutschland und der Landeskirche Anhalts, Zinzendorfplatz 3, 99192 Neudietendorf
Jeremias Treu, Amt für Kirchliche Dienste in der Ev. Kirche Berlin-Brandenburg-schlesische Oberlausitz, Goethestr. 26–30, 10625 Berlin
Christine Ursel, Diakonisches Werk Bayern – Diakonie.Kolleg., Pirckheimerstraße 6, 90408 Nürnberg
Redaktionsassistenz: Sina Niederhausen, Evangelische Verlagsanstalt GmbH

Verlag: EVANGELISCHE VERLAGSANSTALT GmbH, Blumenstraße 76, 04155 Leipzig, www.eva-leipzig.de
Geschäftsführung: Sebastian Knöfel

Gestaltung/Satz: Kai-Michael Gustmann, Evangelisches Medienhaus GmbH

Druck: Druckerei Böhlau, Ranftsche Gasse 14, 04103 Leipzig

Anzeigen-Service: Evangelisches Medienhaus GmbH · Rainer Ott, PF 1224, 76758 Rülzheim, Tel. (0 72 72) 91 93 19, Fax (0 72 72) 91 93 20, E-Mail ‹ott@ottmedia.de›
Es gilt die Anzeigenpreisliste Nr. 12 vom 1.1.2019

Abo-Service: Christine Herrmann, Evangelisches Medienhaus GmbH, Telefon (03 41) 7 11 41 22, Fax (03 41) 7 11 41 50, E-Mail ‹herrmann@emh-leipzig.de›

Zahlung mit Bankeinzug: Ein erteiltes Lastschriftmandat (früher Einzugsermächtigung genannt) bewirkt, dass der fällige Abo-Beitrag jeweils im ersten Monat des Berechnungszeitraums, in der letzten Woche, von Ihrem Bankkonto abgebucht wird. Deshalb bitte jede Änderung Ihrer Bankverbindung dem Abo-Service mitteilen. Die Gläubiger-Identifikationsnummer im Abbuchungstext auf dem Kontoauszug zeigt, wer abbucht – hier das Evangelische Medienhaus GmbH als Abo-Service der PRAXIS GEMEINDEPÄDAGOGIK.
Gläubiger-Identifikationsnummer: DE03EMH00000022516

Bezugsbedingungen: Erscheinungsweise viermal jährlich, jeweils im ersten Monat des Quartals. Das Jahresabonnement umfasst die Lieferung von vier Heften sowie den Zugriff für den Download der kompletten Hefte ab 01/2005. Das Abonnement verlängert sich um ein Kalenderjahr, wenn bis 1. Dezember des Vorjahres keine Abbestellung vorliegt.

Bitte Abo-Anschrift prüfen und jede Änderung dem Abo-Service mitteilen. Die Post sendet Zeitschriften nicht nach.

ISSN 1860-6946
ISBN 978-3-374-06271-3

Preise:
Jahresabonnement* (inkl. Zustellung):
    Privat. Inland € 40,00 (inkl. MwSt.),
    Ausland € 50,00 (exkl. MwSt.);
Institutionen: Inland € 48,00 (inkl. MwSt.),
    Ausland € 58,00 (exkl. MwSt.);
Rabatte – gegen jährlichen Nachweis:
Studenten 35 Prozent; Vikare 20 Prozent;
Einzelheft (zuzüglich Zustellung): € 14,00 (inkl. MwSt.)
    * Stand 01.01.2018, Preisänderungen vorbehalten

Unsere nächste PGP-Ausgabe erscheint im Januar 2020.

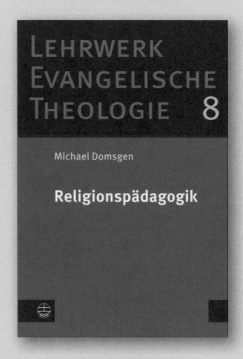

Ulrich H. J. Körtner: **Ökumenische Kirchenkunde**. Lehrwerk Evangelische Theologie Bd. 9, Leipzig: EVA 2018, 382 S., hc, ISBN 978-3-374-05285-1, EUR 38,00

Wer sich in der christlichen Theologie- und Kirchengeschichte mit den „Nachbarn" im christlichen Glauben befassen möchte, dem kann mit vielen guten Gründen dieses Buch des Wiener Ordinarius für Systematische Theologie empfohlen werden. Körtner verfolgt bewusst den Ansatz einer ökumenischen Kirchenkunde und nicht etwa einer Konfessionskunde im klassischen Sinne, um nicht nur für die Theologie, sondern auch für die Religionswissen-

schaften ein informatives und den sachlichen Gegebenheiten angemessenes Lehrwerk zu präsentieren. Er leugnet nicht den konfessionellen Blick, aus dem heraus er diese Kirchenkunde schreibt, versteht sich aber darin nicht als Apologet. Vielmehr exploriert er die historischen Entwicklungen und theologischen Entscheidungen der unterschiedlichen Ansätze und Gebilde im weltweiten Christentum unter Wertschätzung ihrer Pluralität – nicht ohne die Frage nach der Einheit des Christentums auch zu stellen.

Der inhaltliche Bogen ist so erwartbar wie beeindruckend: Nach einer Klärung zu Gegenstand und Aufgabe der Kirchenkunde folgt eine Auseinandersetzung mit den Ursprüngen des Christentums und damit zugleich den Gründen für die Vielfalt der Kirchen. Schon hier wird das zweite prägende Charakteristikum dieses Ansatzes deutlich: die besondere Berücksichtigung des jüdisch-christlichen Dialogs, also die Frage nach dem Verhältnis der Kirchen zum Judentum, die er in allen Teilen immer wieder konstruktiv miteinbezieht. Es folgen dann Durchgänge durch die konfessionellen Familien: die orthodoxen wie die altorientalischen Kirchen, die katholischen wie die protestantischen Kirchen sowie das pfingstlich-charismatische Christentum und von ihm sog. „christliche Sondergemeinschaften". Angesichts der realen Verhältnisse der Christentümer auf der Erde, ist dieses Kapitel sicherlich etwas kurz geraten – die Herrenhuter Brüdergemeinde hat mehr Seiten bekommen als die pfingstlichen und charismati-

schen Bewegungen zusammen – aber zur Perspektive gehört dann eben auch die eurozentrische. Ein ausführliches Kapitel zur Ökumene rundet das Buch ab, in dem am Ende ein Ausblick gewagt wird auf Modelle und Perspektiven der Einheit der Kirchen, in dem er sich für die Weiterentwicklung der „Ökumene der Profile" unter einer intensiv zu reflektierenden Hermeneutik ausspricht, die sich zugleich gewiss sein müsse, dass die sichtbare Einheit der Kirchen unter den heutigen Bedingungen kaum herstellbar und für das Kommen des Reiches Gottes auch nicht die „notwendige Vorbedingung" (343) sei.

Kerstin Menzel: **Kleine Zahlen, weiter Raum**. Pfarrberuf in ländlichen Gemeinden Ostdeutschlands, Praktische Theologie heute Bd. 155, Stuttgart: Kohlhammer 2019, 552 S., pb, ISBN 978-3-17-035492-0, EUR 49,00

Im 30. Jahr nach dem Mauerfall legt die Berliner Wissenschaftliche Mitarbeiterin der Praktischen Theologie Kerstin Menzel ihre 2017 von der Universität Marburg angenommene Dissertation vor und hebt damit ein Thema in den Fokus der Aufmerksamkeit, das diesen schon viel früher verdient hätte: der Pfarrberuf in den ländlichen Gemeinden Ostdeutschlands. „Kleine Zahlen, weiter Raum" ist die assoziationsreiche Über-

schrift, die Menzel dem Buch gegeben hat und damit wohl auch viele (Vor-)Urteile und Erfahrungen treffend einfängt. Die Arbeit bedient sich empirisch-qualitativer Methodik, die Menzel sicher und kompetent begründet und anwendet und mit der sie sehr inspirierende Ergebnisse erzielt.

In den ersten drei Kapiteln skizziert sie die (Forschungs-)Geschichte von Pfarrberuf und Kirche sowie das Feld kirchlicher Arbeit auf dem Lande in Ostdeutschland. Am Ende dieses Durchgangs stehen Herausforderungen an den Pfarrberuf in ländlichen Kontexten. Die Kapitel 4–7 widmen sich dann dem hier vollzogenen Forschungsprojekt in seiner Fokussierung auf ländliche Räume und die Ausgestaltung und Wahrnehmung dessen im Kontext von Pfarrberuf und kirchlicher Entwicklung. Ein achtes Kapitel schließlich rundet das in Stil und Sprache gut lesbare Buch ab, in dem Deutungen, Schlussfolgerungen und Perspektiven aufgezeigt werden. Wie sehen die konkreten Aufgaben einer Pfarrerin auf dem Lande aus? Mit welchen Leitbildern ist sie unterwegs? Mit welchen wird sie konfrontiert? Welche Rolle spielt kirchenleitendes Handeln angesichts des Ausblicks auf den Berliner Nachthimmel? Hier bleiben doch einige Fragen offen – aber wohl eher, weil das Material hier zu wenig vorgibt, als dass es tatsächlich an Befragten fehlen würde. Am Ende bleibt ein Selbstanspruch des Buches, der deutlich zu gering daherkommt, wenn das Buch lediglich als „Puzzlestück" ausgewiesen wird, das „auf Ergänzung und Fortführung angewiesen ist" (506). Dem ist deutlich zumindest dahingehend zu widersprechen, dass die Arbeit intensive und tiefe Einblicke in Herausforderungen und Identitäten des Pfarrberufs im ländlichen Raum Ostdeutschlands aufzeigt und vieles beschreibt, was die Kolleginnen und Kollegen vor Ort sofort als anschlussfähig erleben dürften.

Jürgen Kriz: **Subjekt und Lebenswelt**. Personzentrierte System-theorie für Psychotherapie, Beratung und Coaching, Göttingen: Vandenhoeck&Ruprecht 2017, 300 S., pb, ISBN 978-3-525-49163-8, EUR 30,00

Felix Roleder/Birgit Weyel: **Vernetzte Kirchengemeinde**. Analy-sen zur Netzwerkerhebung der V. Kirchenmitgliedschaftsuntersu-chung der EKD, Leipzig: EVA 2019, 256 S., pb, ISBN 978-3-374-05931-7, EUR 68,00

Der Emeritus für Psychotherapie und Klinische Psychologie in Osnabrück, Jürgen Kriz, verbindet mit seinem Ansatz Schulen von Therapie und Be-ratung, die häufig nicht miteinander verbunden werden wollen. Im Wech-selblick von Subjekt und Lebenswelt entwickelte er über viele Jahre sei-nen Ansatz einer Personzentrierten Sytemtheorie für Psychotherapie, Beratung und Coaching. Darin gilt seine Aufmerksamkeit dem ganz-heitlichen Zusammenwirken ganz unterschiedlich gearte-ter Prozesse in einer Person und im Wechselspiel mit den diese Person umgebenden Systemen, welches durch lediglich eine Wahrnehmungs- und Gestaltungsperspektive sehr ein-geschränkt in den Blick genommen wäre. Kriz unterscheidet vier Prozessebenen, um dieses ganzheitliche Zusammen-wirken zu erfassen: eine körperliche, eine psychische, eine interpersonelle sowie eine kulturelle Prozessebene. Für ihn rahmen dabei die körperliche und die kulturelle Ebene die psychische wie die interpersonelle Ebene. Der Darstellung und Erörterung dieser vier Ebenen dient das vierte Kapitel, das als Scharnier zwischen den ersten drei, Grundsatzfragen klärenden Kapiteln steht, und den folgenden zwei Kapiteln, die sich mit der Welt des Bewusstseins und dem Kontext der Praxis der Personzentrierten Systemtheorie beschäfti-gen. Die Frage danach, was denn überhaupt ein Problem sei, wird hier ebenso ventiliert wie die Herausforderung, durch „Intuition, Imagination und Kreativität" von der Zukunft her zu denken. Dass es im systemischen Ansatz am Ende auch um das Werkzeug „angemessener systemischer Verstörung" geht, überrascht nicht wirklich. Und dass diese wiederum in ihrer Angemessenheit nur in Beziehung zu den je indivi-duellen Lebenserfahrungen eines Menschen reflektiert und definiert werden kann, auch nicht.

Besonders an diesem Buch ist zum einen die Arbeit mit vie-len Fallvignetten und ihrer theoretischen Durchdringung und zum anderen das weite Feld theoretischer Bezüge, in dem sich Jürgen Kriz hochsouverän und vor allem stilbildend bewegt. Auch wenn es eher einer akademischen Leserschaft zugeeig-net sein dürfte, ist es deshalb auch allen Praktikerinnen und Praktikern zu empfehlen, die nach einem Reflexionsmodell suchen, das unterschiedliche – benachbarte Perspektiven in konstruktiver Weise zu integrieren weiß.

„Zwischenmenschliche Begegnung und personale Kommunikation sind wesentliche Bestandteile von Reli-gion und Kirche." So beginnen die Tübinger Praktische Theologin Bir-git Weyel und ihr Doktorand Felix Roleder ihre ebenso kompetenten wie anregenden Analysen über die Netzwerke, die sich in Kirchenge-meinden und eben darüber hinaus beobachten lassen. Fünf Jahre nach der Veröffentlichung der ersten Er-gebnisse der V. Kirchenmitglied-schaftsuntersuchung der EKD widmen sich das Autoren-paar hier intensiv dem aus Sicht der Forschungsinnovation interessantestem Teil dieser Befragung, den erstmals in dieser Form für diesen Kontext durchgeführten Netzwerk-erhebungen. Ein sehr lesenswertes Buch mit vielen Anre-gungen gerade auch für gemeindepädagogischen Reflexionen ist dabei entstanden!

In acht Kapiteln werden wesentliche Dimensionen erör-tert: Nach einer Einführung in den Forschungsansatz stehen mit „Demographie und Homophilie" die Fragen nach Gesel-ligkeit und sozialer Unterschiedlichkeit im Alltag und in der Kirche im Fokus und eröffnen so die Beobachtungen. Die ge-nuin religiöse Kommunikation als Austausch über den Sinn des Lebens steht im 3. Kapitel zentral, während im vierten Geselligkeit im Fokus steht. Welche personalen Brücken be-stehen zwischen der Kirchengemeinde und der Zivilgesell-schaft, danach fragt das 5. Kapitel. Die Rolle der kirchlichen Mitarbeitenden und insbesondere der Gemeindpfarrer als besondere Akteure steht im sechsten Kapitel im Mittelpunkt. Spannend ist im siebten Kapitel der Blick auf die gefühlte Verbundenheit zur Kirchengemeinde. Und für die ganz eili-gen Leserinnen bündelt das achte Kapitel die Ergebnisse in 12 Hinsichten systematisch und trägt die Erkenntnisse wie die Desiderate zusammen. Hierzu gehört etwa die Einsicht, dass die Orgabnisation Kirche wichtige Rahmenbedingun-gen liefert für eine intensive Netzwerkbildung, zugleich aber die konkreten Steuerungsmöglichkeiten gering sind und der Auftrag eher darin gesehen werden könnte, die individuellen Fähigkeiten zur Netzwerkbildung anzuregen und weiterzu-bilden. Wer am Ende etwas mehr darüber erfahren will, wie genau die Datenerhebung aussah, findet dazu im Appendix wichtige Materialien. Auch für die Gemeindearbeit finden sich hier aus meiner Sicht spannende Anregungen: Viele Fra-gen lassen sich in Kreisen und Gruppen diskutieren oder mit Konfirmandinnen und Jugendlichen in gemeindlichen „For-schungsvorhaben" ausprobieren.

Vorschau 1/2020

• Was geben wir weiter?
• Urban Gardening

• Die Postwachstumsgesellschaft
• Theologie der Nachhaltigkeit